# 生態系存在論の構築

# 生態系存在論の構築

—「ある」と言われるべき「ある」の地平を見いだす—

八木雄二著

知泉書館

# まえがき

この本は、三部作のうちの第二部である。第一部で、わたしは生物学と経済学の領域の知識を土台にして新たな人間論を打ち出した。生物学に関連しては、生物種の進化説と生態系について、経済学に関連しては、商品の使用価値、交換価値、市場のはたらき、貨幣のはたらきに触れた。わたしは生物学の領域の知識を通じて、人間が文明以前の段階でどのようなものであったか、を推察し、経済学の領域の知識を通じて、文明人の生きる環境となっている都市文明の姿を取り出した。結論的に言えることは、文明の活動は砂上の楼閣に過ぎない、ということである。他方、人間という種の進化について言えば、これは砂上の楼閣ではない。数十億年の生命の歴史を背景とした確かな事実である。

ところで、人間はことばをもっていて、自分たちの認識を確認し、その世界観を土台にして生きている。どれほど真実を見いだすことが「むずかしい」と見られようと、「確かな在る」を見いだすことなく、「あやふやなまま」に歩むなら、人生はあやふやなままに終わる。発達した文明人の心に広がる「むなしさ」は、文明が砂上の楼閣に過ぎないことの反映かもしれない。第一部の結論から見えてくることは、そういうことである。

本書、第二部では存在論を構築する。それは第一部（『生態系存在論序説』）で見えてきたことを、哲学によって裏書きするものである。科学は発達して、つぎつぎに新たな事実が見いだされている。それゆえ、科学の知識だけでは、わたしたちの世界観（人間観を含む）は確かなものにならない。第一部のなかでも、わたしは考古学や人類学の知識を解釈していくうえで、植物についての自分の経験を織り交ぜた。なぜなら、個人の直接の体験は、抽象化されて伝達された知識にはない「特別な確実性」をもつからである。ちょうど現場にいる技術者が理論だけを考えている学者には経験できない現象に出合って、新しい理論が生まれることがあるように、個人が現場で出合う事実は、既存の科学を超える機会をもっている。

とはいえ、一つ一つの知識は、その位置が知識の全体のなかで合理的に位置づけられなければ、学問的に耐えられるものとは判断されない。その場合、哲学的な土台が明確になれば、これ以上に強固な土台はない。なぜなら哲学こそ、古来、知恵の学と言われ、もっとも広い視野をもつことができる学問と見られているからである。第二部、第三部は、その工事を行うものである。第二部で存在論を構築し、第三部で倫理学を構築する。しかも、この第二部では、最古の存在論と見ることができるパルメニデスの存在論と、アリストテレスの存在論とを、わたしが構想する存在論を吟味するための基礎に据える。とはいえ、パルメニデスやアリストテレスに従うのではなく、かれらの存在論との対比によって、わたしが構想する存在論が数千年の論議に耐えられるものであることを証明するためである。全体の構想との関連では、カントの哲学にも触れる。それによって、わたしの構想が近代啓蒙哲学との関連でどのように見ることができるかが明瞭になるだろう。また第三部の倫理学では、キリスト教神学の議論にも触れるし、日本の仏教哲学の高峰と言われる道元の『正法眼蔵』も吟味することによって、生態系存在論に基づく倫理学の地平が、世界宗教とも一致することを明らかにしたいと思う。

わたしは第一部で、文明社会がたどった歴史を振り返ることによって文明社会の真実を見いだす試みを行ったが、第二部の本格的な哲学作業を通じて、その考察が盤石の基礎を得ることができるようになると確信している。

生態系存在論の構築

# 目次

目次

# 生態系存在論の構築

## ――「ある」と言われるべき「ある」の地平を見いだす――

# 序章　いのちの視点からの「ある」

## 一　真実の「ある」を見いだすこと

わたしは第一部で、わたし自身がそのなかにいる文明社会の問題を指摘した。わたしは自然科学が人類の誕生について見いだし始めたこと、あるいは、生命の誕生について見いだし始めたことを基礎にしてそれを論じた。自分が個人的に自然愛好家であるから文明批判をする、ということではない。たしかに自分が自然愛好家であることは、自然についての知識や経験に敏感であることであるし、文明のあり方に疑問を覚える傾向をもつことは認めよう。しかしそのことと、事実のうえに論理を積み上げることとは別のことである。じっさい、事実のみを蒐集して主張する場合には、自分に都合の良い事実のみを蒐集することができる。だからそのような説明はまゆつばになりがちである。しかし論理的説明は、十分な根拠がなければ説得力が失われる。それゆえ、存在論という、徹底的に論理的な説明を示すことによって、主観的な偏りを是正してゆくことにしよう。

わたしは、この第二部でそれを試みる。

わたしたちは世界を存在論的に明らかにしなければならない。なぜなら、そもそも存在論的に世界を明らかにするとは、真実に「ある」と言える地平で世界を構成し直すことだからである。ところで、わたしたちは、真実に「ある」と言える地平で、はじめて世界を真実に受け止めることができる。たとえば、何らかの事実が見られたとき、わたしがそれを真実に「ある」と考えなければ、言い換えると、真実に「ある」と心で語り出すことがなければ、わたしはその事実を偽りか幻想と考えていることが明らかである。ところで、その事実を真実ではなく、偽りか幻想と見なしているとすれば、わたしはその事実を基にして自分が「生きる」ことを拒否するだろう。たとえば使用価値を無視して交換価値に偏った判断で使用されているものを自分の生活の基盤にすることを、わたしは拒否する。あるいはできるだけ拒否する。なぜなら、もしもわたしがそれを基にして生きるなら、わたしの生は偽りの上に築かれることになるからである。わたしは自分の生を真実の上に築きたいと願う。この願いは、生に対する誠実さによっている。したがって、それは誰もが願うことであり、人間一般の願いである。わたし一人の願いではない。それゆえ、人間一般にとって真実に「ある」と言えるものこそ、人間の生を真実のものにするために欠かすことのできないものである。それゆえ、それを見いだすことは、人間一般にとってもっとも大事なことである。この仕事は人間の生を真実のものにするための仕事なのであるから、人間の仕事においてもっとも崇高な仕事だと言える。この仕事を、わたしは「存在論」と呼ぶ。

ところで、わたしたちの周りには数々の出来事が起きている。わたしが第一部で明確にしたのは、わたしたちが気づいているかどうかは別として、わたしたちの生がどのような活動によって支えられているか、ということである。ある活動はわたしたちの生を真実なものにしている。ある活動はわたしたちの生を欺瞞に包んでいる。それゆえ、その中から真実の「ある」を見いだすことが、わたしたちの生が真実となるために必要な「存在論」を構築する仕事となるのである。

ところで、多くの人が、世界の見え方は単純にその人の心理状態ないし価値観によると考える。しいて言えば、その人がどう思って見るかで、世界はバラ色にも暗いものにも見えると信じている。したがって、要は心理状態か価値観の違いであり、それは各人の勝手なのだから、気にすることはないという主張が、未来に対する無責任な態度として文明社会のなかに広まっている。わたしは、この考え方は正しくないと考えている。わたしたちは、事実を前にして、すなおに、それを「そうである」と言うことができなければ、事実に即して生きていくことはできないし、事実に即して生きていくことができなければ、真実に生きることは望めない、ということが、むしろ自明なことであると考える。このことをどうでもいいと思う人は、自分の人生を投げているのであるし、事実上、死んでいるのである。

たしかに、心が世界を変えるのか、それとも、世界が心を変えるのか、ということは、永遠の課題かもしれない。つまり心を変えれば世界が変わって見える、と言うべきか、心を変えずに世界のほうを変えるべき、と言うべきか。しかし本来は、その心が正しくなければ、世界のほうが心を変えるべきだし、反対に、世界が正しくなければ、心のほうが世界を変えるべきなのである。前者は心理学の仕事だし、後者は革命家の仕事だろう。いずれも哲学者の仕事ではない。哲学者はそれ以前に行われるべき仕事を行う。すなわち、それは真実であるかどうかを見きわめる仕事である。したがってここで取り上げるべき問題は、世界と心のどちらを変えるべきか、ではなく、何が正しいか、何が真実か、である。真実を見いだして、わたしたちの心がその真実に対して、素直に「そうである」と認めることが、第一に必要なことである。なぜなら、世界のほうは、簡単に変えることはできないからである。心がまずは真実を見いだして、その真実にしたがって「あるべき」姿に心を入れ替えるか、それとも世界のほうを変えるか、いずれかを選択するほかない。すなわち、何よりもまず、真実が何かを見いだすことが必要であり、それがとりあえず世界の中に見いだされるか、心のなかに見いだされるかは、重大なことがらではない。むしろその真実がどのように「ある」と言えるのか、それを明らかにすることが必要なのである。

かつて古典ギリシアの時代がアリストテレスで終わったのち、哲学の歴史のうちに、世界の争乱を度外視して心のなかの平和を重視する哲学が流行していたことがあった。ヘレニズムの哲学である。しかし、この哲学運動は哲学者の引きこもりに過ぎないように見える。哲学にとっては、真実と真実でないものがあるだけであって、心の中と外を区別して考えるのは、本質的に無意味である。なぜなら、真実と真実でないものの区別のみで、わたしたちは、真実に生きることができるかどうかが、決められるからである。すなわち、その区別があれば、わたしたちは自分がどちらにいるかわかるわけだし、真実を選ぶことができるからである。わたしたちは、それが心の中にあるかどうかという区別を金科玉条のようにもちだしがちであるが、その真実が心の中にあるか外にあるかは、真実に生きることとは、本当は無関係である。したがって、哲学の仕事は、真実を見きわめることにあって、それ以外にはないのである。

ところで、真実であることと真実でないこと、という区別は、「ある」と「ない」の区別である。そして、「ある」ことに従って「ある」と発言することが存在論の真理である。それゆえ、わたしたちは存在論に入っていかなければならない。なぜなら、これが哲学を正確に心理学と区別するからである。すなわち、真実であるかどうかを区別する存在論こそが哲学の仕事であり、真実であるかどうかよりも、真実であると思うかどうか、という人の心理状態を問題にするのが心理学だからである。それゆえわたしたちは何よりも、真実であるか否かを問題にする存在論の仕事にかからなければならない。

## 二　生命が世界を視ている

ところで、わたしたちが現実に見ている世界は地平線のかなた、水平線のかなたまで、あるいは、海の中、光の届かない海底まで、生命の世界である。見ているだけではない。わたしたちが息をしている世界、活動している世界が、あるいは、手探りしている世界が、かならずどこかに生命を宿している世界である。宇宙全体の中で生命を宿しているのは、宇宙全体の中のほんの一角であるらしいとしても、宇宙全体から見れば砂粒ほどにもならないわたしたちにとっては、その一角が本質的なすべてである。したがって、わたしたちが生命のない宇宙を眺めやるときも、わたしたちは生命の現場から眺めやるのであって、生命のない宇宙を眺めやるために、無生命の視点があるわけではない。というのも、無生命は、宇宙を眺めようとはしないだろうからである。わたしたちは生命体であるから、生命の視点から宇宙を眺めやるのであって、それ以外の道を取ることはできない。たとえ話のうえでは宇宙が生命の視点抜きに語られているとしても、わたしたちの見る宇宙は、生命の視点からしか見いだされない宇宙である。

ところで、何か特定の視点をもつことは世界を狭い了見で見ることにつながると、人々は恐れてきたように見える。しかし視点をもつことは視野をかならず狭くし、誤りを生じさせることになるのだろうか。たとえば実際に望遠鏡で宇宙を眺めようとも、あるいは顕微鏡でプレパラートの一角を眺めようとも、わたしたちは望遠鏡や顕微鏡を使うことによって了見が狭くなることを恐れていない。わたしたちは、望遠鏡を向けている方向を知っているのだし、望遠鏡が筒であることを知っているからである。同じように、顕微鏡を通して見ているものは、取り上げたプレパラートの一角であることを知っているからである。

これに対して、わたしたちがテレビ画面に映し出された映像から受ける印象が実際にはカメラが向けられた一面に過ぎないにもかかわらず、それを真実のすべてであると錯覚するとき、あるいは、思い込むとき、危険なことが起こる。そのときこそ、じつはわたしたちの了見が狭くなる。自分が出会った人間から受けたいっときの印象がその人間のすべてであると判断するとき、あるいは、電話で聞いた見知らぬ人からの情報が真実であると思い込むとき、危険なことが起こる。そのときこそ、わたしたちの了見が狭くなる。

つまり、わたしたちが恐れなければならないのは、むしろ自分がどのような視点でものを見ているのかを、知らずにいることなのである。もしもわたしが、わたしが今ここにいることを恐れ、どこか世界を一挙に眺めやるための絶好の場所にいる人間をうらやむのなら、わたしはどこに行っても、同じことを恐れ、つねに自分以外の他者を思ってうらやむことになるだろう。わたしは日本人だし、日本語で考える。このことが世界を考えるうえで障害になるとしたら、一体何語ならよいのだろう。英語ならよいのか、それともフランス語ならよいのか、あるいはドイツ語ならよいのか、あるいは中国語ならよいのか、アラビア語ならよいのか。あるいはラテン語、古典ギリシア語なら、いいのだろうか。いずれを取ろうと、一つであること、一部であることに変わりはない。それは、主体となるわたしが、どこにいようとも、一人であることに変わりがないのと同じである。わたしは人間のなかの一個体であり、絶対にただの一個体であることに変わりはないのである。

したがって、わたしが何を眺めやるにしても、わたしが知っていなければならないものは、まず「このわたし」であり、このわたしが「何を、どこを、どのように見ているか」なのである。古くから人間は、「このわたし」を知らずに、あるいは、それを語らずに、眺めたものを真実として語ってきた。ただ世界とはこのようなものだ、と語ってきたのである。対象について語るのだから、対象について知っていればよい、と素朴に判断してきたのである。歴史の中にいくばくかの例外があったとしても、その希少な例外は実質的にはほとんど無視されてきた。カントが人間の理性を批判的に吟味し、その力の限界を意識することに貢献したとしても、カントもまたある種の絶対性を認めたのである。そのためにその後の哲学の歴史は、自己を限界と見なすより、絶対化して怪しむこともない方向に進んでいる。

## 三　「ある」と発話すること

ところで、わたしたちは世界を見て「ある」と語る。「ある」という、このことばには、二つの側面がじつは隠されているのである。その中味を分析していこう。

ふつう、「ある」ということばは、ものがある、と言われるときに典型的に使われる。この場合の「ある」は、わたしたちがそのことばから印象づけられるように、「客体化」の印象がもっとも強い。つまり「何かがある」と言われるとき、つぎのことが起きるのである。まず何も語り出されないでいるとき、ことばの世界には「何もない」状態があり、他方、現実世界には「何かがある」状態がある。たとえば、黙って目を開けて世界を見るとき、そして何かがそこにあることを知りながら、何も語り出さなければ、ことばの世界には何もない状態がある。

つぎに「何かがある」と語るとしよう。そのとき、ことばの世界に何かが現れる。現実の世界の広がりのなかで、「何か」が選び出されて「ある」と語られるのである。ここには二つの側面がある。一つは、通常、何かがあると言われるとき、その「何か」が存在する状況は、ことばを語る精神ないし知性の外に「何か」が在って、その「何か」のイメージを精神ないし知性が受け取る状況を意味している。つまり「何かがある」のは、客観的に何かが「ある」、という側面である。もう一つは、隠れた側面であって、わたしたちが選び出している側面である。「何かがある」と言われるとき、その「何か」の部分が、ある特定のものであれ、世界であれ、語り出すものが「選び出している」という側面である。この選び出しの行為について「ある」と語られることは、本来、主体的行為について述べられる「ある」である。つまり「何かがある」のは、主観的に「ある」のである。

したがって「ある」と語り出すことは、主観的と同時に客観的になされる言語行為なのである。そしてそれはそのまま、人間知性のはたらきが、主観的であると同時に客観的であることを意味している。現代人がふつう、述べられていることが主観的である、と非難を込めて言うとき、そのように言う理由は、その言が主観的側面を少しでも含んでいるからではなく、主観的であるばかりで客観的側面がまるで無いか、不自然に手薄になっているものであることを意味している。他方、述べられていることが客観的である、と賞賛を込めて言われる場合でも、客観的でしかない、と言う意味で言われているのではなく、客観的側面をもつように主体的に（つまり主観的に）語り出されている、という意味で言われているのである。

それゆえ「ある」と語り出すことの意味を明らかにしていくことは、客観的世界を何のアクセントもなしに述べていくことを意味するのではなく、むしろ「ある」と語られる場合に、どこにアクセントが置かれるべきかを明らかにすることを意味する。この場合、「アクセント」というのは、主体（主観）が世界に向かう姿勢を反映することは明らかだろう。そして、この仕事が存在論の仕事なのである。つまり存在論は、人間が世界に向かって「ある」と語り出す場面にあって、何を「ある」と語り出すべきか、語り出されるべき「ある」を見いだし、そこに隠された主観的側面と客観的側面をかぎわけて、それを明らかにする役目を担っているのである。

## 四　真実の存在論を見いだす道

実際にその仕事がどんなものになるかは、以下の章にゆずるほかない。ただそれは第一部で論じたことがらを基礎としていく、ということだけは、あらかじめ述べておくことができる。なぜなら、人間がどこから生まれたのか、何故に生まれたのか、という事実は、人間がこの世界をいかに眺めるべきかを教えてくれる事実だからである。もしもこのような事実をもたずに存在論に取り組むなら、人は、過去の哲学作品のなかから何かを取り出して、それを針小棒大に語ることしかできなくなるだろう。なぜなら、これまでに言われたことのみを頼りに、しかも別のことを言わなければならないとしたら、その材料は貧しくなっていくほかないからである。

そのよい例が現代哲学である。ヘーゲルにしても、ハイデッガーにしても、その哲学がもつ傲慢さは目に余ると言うべきであろう。かれらの哲学の特長は、主観の絶対化であり、世界を進歩させるのは主観しかない、ということに尽きる。人間が取りがちなこのような傲慢な態度は、科学を理解するとき、限界を意識して科学を理解するのではなく、かれらが科学を絶対化して理解しようとすることに現れている。じっさいカントにしても、単純に万有引力の理論を絶対的な理論として扱う。ヘーゲルは西洋の思想史を絶対化する。ハイデッガーにしても、西洋の思想史的起源こそが人類すべての意義のある思想の源泉なのだと考え、何の疑いも懐いていない。それゆえ、想像ではあるが、かれらは、たとえば土のなかにいる微生物について、わたしたちが知っていることはほとんどない、ということを、おそらく理解できないのである。かれらは、科学が到達したこと、哲学の研究にしろ、心理学の研究にしろ、その成果のみを語って饒舌なだけである。それはまるで、過去の自慢話ばかりに余念のない年寄りのようである。

西洋哲学は、近代を過ぎる頃から、あきらかにこの老年の醜さをもちはじめている。言うまでもなく、ちょうど現実の年輩者にしても、かつてはたしかに立派な仕事をしたのだから、それは評価しなければならないように、わたしたちにしても、西洋の古代・中世・近代に至るまでのかれらの努力を評価しないわけにはいかない。しかし、だからといって、現代に至る中味の薄い西洋哲学を金科玉条のように受け取るのは、正当なことではないだろう。じっさい哲学が現代において出合っているという問題のほとんどは、じつのところ、人間の傲慢がつくりだしている問題なのであって、真の哲学問題ではないのである。真の哲学の問題は、つねに、専門諸科学の問題や解答とは異なる地平で開かれてあるものである。その具体的内容については以下で扱うことになるので、ここでは議論しない。ただ誤解を生じやすいことがらとして述べておかなければならないことがあるとすれば、哲学問題はむずかしいと言われるが、それは、哲学問題には答えがないと判断してしまうこととは違う、ということである。

哲学問題は、正しく問題化されれば、それは解答を導くのであって、迷路にまよいこむのは、問題を正しく問題化することにおいて失敗しているからである。プラトンのさまざまな対話編にしても、アリストテレスの『形而上学』にしても、それは成功例を並べているのではなく、正しい問題化が達成できないでいる中途考察を並べているのみである。わたしたちはそれを誤解して、その考察を理想化してプラトンやアリストテレスのようになることが哲学者の完成だと考えるべきではない。かれらは哲学者であるが、かれらの考察を正しく受け取るためには、その限界を見きわめなければならない。それはわたしたちの限界を見きわめることでもあるからである。そのときこそ、かれらのことばが、哲学のことばとして了解されるのである。その意味でことばが人間のことばであるために、限界を示すことが限界であるし、その限界を了解できるかどうかは、畢竟、個々人の問題になってしまう。人間はだれでも専門諸科学を理解できる能力をもってすれば哲学も理解できる、と考えるのは間違いである。専門科学の理解とは違ったところに人間の限界の理解がある。それが哲学の哲学たる部分である。ただそういうことを理解できない哲学研究者が多すぎるために、饒舌なだけの哲学者が大物扱いされるのである。

ところで、過去の自慢話というものは、自己の絶対化から生まれる。なぜなら、顧みられるべきは自分の過去以外にはない、と考えることから自慢話が始まるからである。それを聞くことは気晴らしにはなるけれど、ほとんど学ぶべきことはない。なぜなら、自慢話には真理の理解はないからである。ちょっと触れたように、哲学の理解は、ある限界の了解を含むものである。その限界とは、もっぱら自己の限界である。そして自己の限界の理解は、対象の限界の理解とは異なり、その理解となる「答え」が無限を含む。その答えは、諸科学が問題をはらむ地平全体を包むものだからである。

ここで前に述べた話題に戻ることができる。顕微鏡でプレパラートの一角を見ることは、わたしたちの世界理解を狭いものにすることはない。なぜなら、わたしたちはそのとき、どこを見ているかを知っている。すなわち、自己の現時点の限界を知っているからである。世界理解を狭めるものがあるとすれば、それは、自分がどのような仕方で世界を見ているかを知らないでいるとき、あるいは、知らないでいるのに、知った気でいる場合である。すなわち、自己の限界に気づかないときである。テレビの映像や新聞報道に偏りがあっても、それを知らないとき、わたしたちは世界理解を間違える。他方、偏りがあっても、その偏りを知っているなら、世界を見間違えることはない。つまり問題は、何を見ることができるかではなく、自分がどのように見ているかを知っているかどうかなのである。

言い換えれば、自分が必然的にもっている視点（主体の視点）を知っているかどうかが何よりも問題であり、それを含むことが、哲学の問題を明らかにするのである。ところで、すでに述べたように、わたしたちがもっている視点、主体の視点とは、何よりも生命の視点である。なぜならわたしたちは生きているし、わたしたちがものを見るとき、見えてくるものは生命に満ちた世界だからである。他方で、数ないし数学的視点をもつことは、科学をつくる。しかしそれは、哲学をつくるものではない。なぜなら、数は客体を示すことができるだけで主体を含むことができないからである。それゆえ、科学の発達は哲学の発達ではない。

また西洋哲学がその当初から伝統としている、端的に「ことば」を視点とする立場も、哲学を十分なものにしない。なぜなら、生命の視点がことばにいのちの視点を与えるのであって、その逆ではないからである。したがってキリスト教聖書がことばと生命を同一視するとしても、それは言葉によるのではなく、生命によるのである。つまりことばが単独にいのちを理解する道をつくるのではなく、いのちの視点がことばに与えられたとき、はじめていのちの道を理解することばが成立するのである。

したがってことばは、哲学が現実に成立するためには不可欠であるとしても、哲学はことばのみで成立するものではない。むしろ生命という自己の視点が定まることを背景にしてことばが吟味の道に入るとき、哲学が成立するのである。言い換えると、「生きている・人間である・わたし」が見えてきたうえで、そのわたしが見る世界がことばを通して吟味されるとき、哲学が成立するのである。それゆえ何よりも、「生きているわたし」が見いだされなければならない。その限界が明らかにならなければならない。それ自体が哲学の根本である。哲学がこの限界を意識して進められるとき、哲学は他の事柄を吟味していても、つねに自己の吟味を同時に行うことになるし、行わなければならないことになる。まさにそれゆえに、自己の限界の理解は無限を含むのである。なぜなら世界の中に見いだされる事柄は無限であるが、それを見いだす自己は限界をつねにもつからである。しかも、こうしてわたしたちがもつ視点ないし、ものの見方があらわになることで、何を見るにしても、わたしたちは間違いを犯さないことができる。反対に、人間は何を知るにしても、「このわたし」を知ることなしには、あるいは、このわたしが「何を、どのように見ているか」を知ることなしには、狭い了見にはまり、誤解を積み重ねることになる、ということを知らなければならない。

それゆえ哲学が本来もっている「自己を知る」道に戻らなければならない。現代の西洋哲学はそれをすっかり忘れているか、あるいは、もっとやっかいなことに、その方法を見失っていながら、見失っていることに気づかないでいるのである。わたしたちは、そういう現代哲学の轍を踏む愚は犯さない。むしろ古代の存在論に学び、たどるべき道をたどって、真実の存在論を見いだそうと思う。

## 五　西洋における存在論の歴史

### A　アリストテレスの射程

わたしはこれから存在論を探求するつもりでいる。

存在論の探求は、大胆にも人類を代表して世界を全体的に論じる試みであると見なされる。それゆえ、この試みは一面で傲慢のそしりを免れないが、文明によって自信をもった人間が、一個の人間でありながら世界を相手にする責任を明らかにする試みであるとも言える。それは一般的に言えば、つぎのような地平を検討することである。すなわち、わたしたちの周りに見いだされる世界は個々のものの集まりである。しかし単なる集まりではなく、そこに何らかの秩序を見いだすことができる。そして秩序は何らかの「意味」として語られる。わたしたちは個々のものの種類を区分けし、それに名前をつけて語り、順序をつける。これらの行為すべてが、わたしたちのなかで（わたしたちの精神のなかで、あるいはお互いの間で）、わたしたちの周囲に存在する世界を意味づける。わたしたちはこの意味づけを基にして、社会全体で世界に対して何らかの行動を取るのであるから、この意味づけは、わたしたちの行動を説明するものであり、行動の背景となるものである。それゆえ世界の意味づけは、わたしたちの行動の基礎であり、基盤だ、と言うことができる。ところで、この意味づけの行為をもっとも普遍的に、あるいは全体的に、論理的に（説得的に）議論するのが、形而上学ないし存在論である。なぜそれが「存在論」と呼ばれるかと言えば、世界のうちに見いだされるすべてのものについて、あるいは世界自体についても、「ある」、すなわち、「存在」ということばが述語されるからである。そしてわたしたちの「在る」という発言がたしかなものであるなら、その発言は存在する世界をわたしたちが確実に受け止めていることを意味するからである。そして確実に受け止めることが、世界とわたしたちが確実に関わり合う端緒となる。なぜなら対象を受け止め、対象について理解することが、対象に対して正しい行動を取るための前提だからである。

ところで存在論はギリシア哲学の伝統を受け継ぐものである。わけてもアリストテレスの『形而上学』が一般にその端緒と言われている。アリストテレスは「ある」と言われるかぎりのことがらを、そのまったき全体性のうちで論じるために（という大いなる挑戦を宣言して）二つの道を取り出した。すなわち、一方で「原因から結果が生じる作用」として世界の存在を論じ、また他方で、世界について「わたしたちが語る述語作用」のうちで存在を論じるという二つの道である。言い換えると、第一に、自然科学ないし自然哲学上、すべての存在のうちには「原因と結果の関係」が横たわっている。また第二に、言語的には、あるいは、論理学的には、すべての「ある」は、本来、何かについて「述べられる」ものだからである。すなわち、簡略に言うと、一方でアリストテレスは、質料、形相、起動者、目的という四つの原因を数え上げて、これらの原因の複合作用として世界が在ると考えた。近代科学はこれをスリムにして、起動原因のみを原因として発展している。他方アリストテレスは、実体、分量、性質、関係、等々、一〇個の範疇をあげて、世界について人間が語る述語作用に基づいて世界を分析し、その複合作用として世界が在ると考えた。現代論理学はこれを実体（名辞）と関係（関数関係）と様相（可能性と現実性）にスリム化して議論している。アリストテレスはこのように二方向で世界の存在を分析して、しかもそれぞれを複数の組み合わせとして考えているのであるから、かなり複雑な分析をしているのである。

### B　「現に在ること」の対象化

アリストテレスの権威に圧倒された中世の哲学者たちも、かれにならってこの方法（概念）で存在論を展開してきた。しかし西欧中世が付け加えたものもある。それは、イスラム哲学の影響を受けて現実存在と本質存在の区別を行うことであった。すなわち、「ある」と言うことのうちで、実存ないし「現に在る」ということと、そのものの本質ないし「何であるか」が、実在上区別される、というものである。

しかし「現に在る」という側面は偶然的事態である。なぜなら、ものはどれも、「どこにでも、つねに、在る」と言えることはないからである。たとえば火星という惑星にしても、それはたしかに有史以来、天界に存在している。たとえ長い間在るとしても、火星は宇宙の一角に在るだけであるし、ある期間存続するだけのものである。永遠に、どこにでも在るものではない。とは言え、何もない宇宙ということもありえない。したがって、わたしたちは必ず、いつも何らかのものに偶然的に遭遇する。ところで、ものが「在る」という場面に遭遇することは、わたしたちにとっては「経験が成立」してくることである。言い換えれば、それはわたしたちに「現象」が与えられるということである。わたしたちは何かに出合って、出合ったものについて「在る」と語り、「在った」と語る。それは「ある」が語り出される最初の端緒・機会となる。しかし存在論の本来の意義は、偶然的事態に対処することではなく、普遍的に言われる「ある」を確定することである。つまり本質的に（普遍・不変的に）言われる「ある」を探求するのが存在論であった。なぜなら存在論は世界についての普遍的意味づけという役割をになっているからであり、一つの学でなければならないからである。すでに述べたように、事実としては、世界は個々のものの集まりである。したがってわたしたちが「在る」と語るのは、その個々のものとの遭遇に際してである。しかし存在論はこのような偶然的条件を乗り越えていくことによって成立する。したがって、現象が偶然的であるなら、存在論は現象を乗り越えて本質に至ることで成立する学であると言わなければならない。

それゆえ、イスラムの影響で中世において「現に在る」ことが本質から区別されても、その区別は、中世においても、存在論を「本質論」から「現象論」（現象学）へと変えるものではなかった。実際のところ、中世では客観的な世界における実存のすべてが問題になったのではなく、あくまでも「神の実存」のみが問題になっただけであった。なぜ他のものの実存は問題にされず、神の実存だけが、実存のうちで特別に存在論において問題にされたかと言うと、ほかのものは、「現に在る」ことが偶然的でしかなかったのに対して、神だけは永遠的存在であり、「現に在る」という実存がその本質と必然的・普遍的に結びついている存在だからである。つまり神は現に在ることがその永遠的で普遍的な本質であるので、現に無い、ということはありえないもの、言い換えれば、絶対に在るほかないものであると言われるのである。すなわち、神だけは「本質＝実存」だと言われていた。神については、その本質論が、即、実存論（現象論）だったのである。あるいは逆に、その実存論が本質論だったのである。

その意味で近代哲学の父と言われるデカルト（一五九六―一六五〇）が、「われ思う、ゆえに、われ在り」と主張したことは、大きな意味をもっている。というのも、この命題では、思いの内容は認識された本質を代表し、認識された本質と実存が、「わたし」という存在において結びつけられているからである。よく知られているように、デカルトはこの命題を起点として、おおむね世界は存在すると確証できると主張した。つまり「わたし」における本質と実存の結びつきから、一度は疑わしいと見なした世界の存在を確証したのである。中世においては、神の存在だけが本質から実存に直接移行することがゆるされていた。ところが、デカルトは、同じことを、「自己」について行ったのである。それゆえこのとき、人間の自己が世界の他の存在から区別されて、神と同等になったと言うことができる。しかしながらデカルト哲学は懐疑主義によって大きな影響を受けていた。そのために哲学は、近代に入って、認識批判（人間認識の吟味）をもっぱらとして、存在論については控えめな主張を行っていたのである。しかしながら人間の認識するものがすべてで「ある」、というのが認識論の隠れた主張であった。したがって認識論とはいえ、その裏にはつねに存在論の鎧が隠れているのである。

近代から現代に入るとき、ヘーゲル（一七七〇―一八三一）が自己ないし自己の意識を形成している（意識に現れる）現象を哲学の課題としてクローズアップした。このことをうけて、現代では「現象学」のほうから、ふたたび「現に在る」ことが注目されることになった。というのも中世においては、ただ永遠的な神について「現に在る」ことが問題にされたのみであるが、現代においては、人間・自己について、それが「現に在る」ことが正面切って問われるようになったからである。つまり人間が完全に神の位置についたのである。このように言うことは、いささか刺激的過ぎて、ものごとを冷静に判断することからわたしたちを遠ざけるきらいがあるとすれば、つぎのように論を進めてゆこう。

すなわち、人間は「実存＝本質」ではない。つまり人間は本質的に（普遍的・不変的に）存在しているものではない。人間はつねに個々に、偶然的に存在している。それゆえ、人間の実存を扱うことは、人間を含めて偶然的な現象世界を扱うことによってはじめて可能になる。なぜなら、不変的な本質世界で実存を扱うことができるのは、神についてのみだからである。それに対して、被造物のすべては、本質世界にその実存は現れず、現象世界においてのみ実存が現れる。なぜなら、ものが「ある」と言うことは、それが「現れる」ことだからである。よく知られているように、現代哲学の一つの潮流としての現象学は、意識に現れるままにものを扱うという哲学運動である。その運動は、現代哲学においてはじめて現象を哲学の主要な課題と見ることが始まったことを意味する。そしてそれは、明らかに存在論が現代に至って、本質論から実存を扱う現象論へと変質した、と言うべきことだろう。

とは言え、この歴史にはいまだに明らかにされていない事実がある。というのも、もともとデカルトの発言にある「わたし」は、自己という主体の実存であり、それは中世において「ペルソナ」の名で呼ばれていたものだからである。よく知られているように、キリスト教の神は人格（ペルソナ）神である。そのため、初期キリスト教学者であったアウグスティヌス（三五四―四三〇）は、その神を探求するために、いわばその影とも言える「自己」という人格（ペルソナ）を探求した。すなわち「自己」の在りようを探求することによって神の在りようを探求したのである。人間精神は神の似姿と解されていたからである。この自己探求に向かうアプローチとも言える作品『アカデミア派駁論』において、かれは「わたしは疑う、ゆえに、わたしは在る」という命題を示している。この命題がデカルトにつながることは研究者の間ではよく知られた事実である。そしてその後『告白』の後半でも、また『三位一体論』でも、アウグスティヌスは自己探求をしており、そこにあるのは現象学的アプローチである。この「神学」研究は中世を通じて「スコラ」の名で続いた。したがって「自己」の現象学的哲学はヘーゲルに始まるのではなく、すでにアウグスティヌスに始まっていると言うべきだろう。しかもすでに述べたように、アウグスティヌスはデカルトに先だって「自己」という主体の現れを特別な存在の起点として扱っている。そしてフッサールの作品『デカルト的省察』が現代の現象学の記念碑的作品であることは、こうした歴史の連続性を示唆している。つまり自己分析を通じて現象学が近現代の哲学において大きな位置を占めてきた理由の大半は、哲学を受け取ったヨーロッパがキリスト教ヨーロッパであったことにあるのである。

とは言え、それが大手を振って進められるようになったのは、ヘーゲルに至ってのことである。ヘーゲルが『精神現象学』において世界を意識世界に還元し、意識世界を自己の発達史のなかで吟味したことをきっかけとして、世界が、自己がもつ意識の変化に即して吟味されることになった。こうしてヘーゲル以降、哲学は自己を存在論の中心課題とすることを是認することになったのである。しかし人間の意識は当然、偶然的な経験によって変化する意識である。意識は経験されるものを反映して変化する。そして経験は、対象の実存に遭遇することによってである。ところでヘーゲルの哲学に従うなら、人間が遭遇する経験のすべてが、意識論のなかで論じられる。しかし存在論は遭遇の可能性という偶然性を超えなければならない。ヘーゲルは偶然性を超える道を、精神の必然的発達段階として記述した。たしかに意識には実存との遭遇をきっかけとする発達段階がある。そして発達するものには完成がある。意識もさまざまな偶然に遭遇し、成長して完成するのである。そしてヘーゲルは、発達して完成する意識という地平を論じることによって、世界の存在を、人間が現状で意識できる範囲に限定したのである。ところで経験を通じて意識が完成状態に至れば、それ以上の発達はない。言い換えれば、それ以上の変化はない。したがってヘーゲルには「新たなもの」との遭遇はないのである。変化がなく、新たなものがなければ、不変性が成り立つ。こうしてヘーゲルにおいて、完成された意識の状態は神の精神と同等になり、人間の自己と実存の問題が、世界の存在と同等の本質（普遍的）問題として議論されることになった。

しかし歴史がこのように西欧において進んできたからといって、存在論の第一の課題は自己であると考えるのは誤りである。存在論は、本来、「ある」と言うべきことがらについてである。その「ある」と言うべきことがらが「自己」であると、長い哲学の歴史を通じてついに明らかになったと考えるのは、現代的な偏見であるとわたしは判断している。現代という時代が、個々人を孤立させ、そのために各人の自己が不安になっているために、人びとがことさら自己を問題にしたがることは、文明世界に広く見られる事実である。広く見られるのだから、たしかに普遍的である。しかしこれはむしろ時代がもたらした症状であって、そこに存在論的真理が示唆されていると考えるべきではない。むしろ人びとは、時代に翻弄されて孤立するなかで、真実の課題を見いだすことができずに迷ってしまっている、というのが、わたしの見る哲学の現状である。

存在論は西洋が起源であり、存在論を論じることは西洋の哲学の歴史を引き継ぐことであることは認めよう。しかしそのことは、わたしが西洋の迷いを引き継ぐことまで約束するものではない。たとえば西洋近代において、哲学の仕事は認識批判がもっぱらとなったが、それは表面上のことであって、すでに述べたように、認識論もその実、その裏に存在論を予期しているのである。事実、人間にとっては、真実に認識されたものが「ある」のである。認識作用について論じることは認識批判を行うことであっても、それによって獲得しようとしているものは、真実に「ある」と言えることがらである。それだけが真実に「ある」と言えるのである。したがって認識批判によってあらゆる臆断を排し、あらゆる欺瞞を排して「ある」と言えることがらを、そのすべてにわたって明瞭にすることが認識論であるなら、西洋の哲学は、認識批判を交えながら、結局のところ存在論を探求していると言うほかないのである。

じっさい自己の存在にとどまって認識批判をもっぱらとしていても、人間は自分の生活上の行動をやめていることはないのであって、事実上常識となっている行動規範に即して現実の存在に関わり続ける。したがって一方で存在論ということばを使うことが十分な根拠なしに存在を断定していると非難することができたとしても、他方で人間は、十分な根拠なしに行動していることも事実である。つまり十分な認識批判を済ませずに行動しているのがつねである。それゆえ行動に移すこと自体が、存在論を語ることと同じように、存在に断定的に関わること（存在について十分な理解もなく関わること）なのであるから、このことを十分に認識して、すなわち、人間の無能さを十分に自覚して、存在に対してはせめて人間の認識と行動についての批判を怠らないことが、この場合、もっとも誠実であることなのである。それゆえ批判を怠らずに真実を追求していくこと以上のことは、事実上、無意味であると言うほかないだろう。わたしは存在論か認識論か、というたぐいの、ことばの綾となるほかない議論には関わらない。

## 六　原因論ではない存在論

それゆえ、わたしはまっすぐに存在論から議論をはじめたい。ところで、「ある」ということを、はじめて真理の指標としてはだかにしたのがパルメニデス（紀元前五世紀）であった。それまでの自然哲学は、周囲に見られる物体的要素の一つか、あるいは、いくつかのもの（たとえば、地水火風）を原因と見立てて、それによって世界が構成され、動いていると説明していた。そして、これらの原因が世界を説明しうる原理なのだから、それが「世界の真理」であると主張していた。しかしこのような「原因による説明」は、人間がいつか世界を支配し、世界を、自分が生きていくための「道具として扱うための説明」であった。というのも、原因が分かれば、原因を操作することによって世界を操作することができるからである。じっさいこのような説明を当時ことさら好んだのは、ソフィストと呼ばれた、知識を売り物にする人々だった。

プラトンがかれらを敵視していたことはよく知られた事実である。ソフィストは知識を道具にして、自分がなりたいものになり、欲望を実現することができることを売り物にしていた。たとえば、かれらはことばをたくみに扱って聴衆を魅了し、裁判で罪を逃れ、将軍となって思い通りに生きることができると、民衆に夢を語って授業料を取っていた。かれらがことばに求めたのは説得力であって真実ではなかったのである。嘘であろうと、聴衆を魅了して思い通りの結果を得るなら、それで良いのがソフィスト流であった。かれらは政治指導者ないし都市生活における強者になることを目指していた人々に取り入り、世界を思い通りにできることを喧伝したのである。

そしてこの原因論を受け継いでいるのが、アリストテレスの形而上学である。アリストテレスはソフィストとは異なり、世界の真の原因として四原因を数え上げているが、それでも、かれの形而上学が、原因によって世界を説明する姿勢をもつことに変わりはない。

近代科学が人間に約束している世界観は、じつはこのような哲学の伝統によっているのである。近代科学の技術的成功に酔いしれている人びとは、科学がもっている本来の意図が古い歴史をもつことに驚くかもしれない。しかし意識しているかどうかは別として、人間が相向かう世界の原因を特定しようとする意図は、それによって世界支配を意図する事態へと進む可能性をつねに含む。たとえば目の前にあるものを定規ではかり始める人がいたら、それはそこで何かをしようとしている、あるいは、何かを作り直そうとしている、と判断してほぼ間違いない。目の前のものをはかる、という作業が、何らかの意図なしに行われることはけっしてない。それと同様に、世界の原因が何かを特定することは、いくらアリストテレスが知るために知ると唱えたとしても、それが世界支配への道となるものであることを否定することはできないのである。

これに対して、アリストテレスに先だって哲学史上、実質的に最初に存在論を唱えたパルメニデスは、原因論を無視して、まったく別の議論を持ち出した。すなわち、真理は不動（不滅）であって、「ある」と言うほかないものである、と力強く宣言したのである。つまり世界という存在は、真理の名の下にあるかぎり、人間が勝手に「ある」と言ったり、「ない」と言ったりすることはできない、というのがかれの主張であった。なぜならかれによれば、「真理は不動である」から、「真理を操作することはできない」と言うべきだからである。他方、さきほど述べたように、ソフィストは、世界はつねに何らかの原因の結果にすぎないから、原因を操作して結果を変えることができると考えていた。それゆえ、パルメニデスの存在論は、近代へとつながる原因論とはまったく対立する思想なのである。一般の哲学史では、パルメニデスの存在論と、アリストテレスの存在論は、歴史的前後関係しか語られていない。しかしそれはかれらの存在論がもつ本質の違いを見定めていないだけである。同じく古典ギリシアに属する存在論であっても、アリストテレスとパルメニデスは、視点がまったく異なるのである。

すなわち、一方でアリストテレスのなかに混じったソフィストの伝統は、近代に入って科学を発展させた。原因を見いだし、世界を操作する技術へと発展した近代科学の成功がその伝統の成果である。この伝統を受け継ぐ存在論ないし形而上学は、近代科学の成功に瞠目し、哲学は科学批判ないし、科学哲学であることを堂々と標榜してあやしまない。デカルトやカントの哲学もそのような姿勢をもっている。また現代哲学も多かれ少なかれ、科学哲学を含むものであることによって自分の哲学が合理的であるという面目を保っている。言い換えると、この宇宙について、科学の言い分を十分に認めることによってしか、哲学者は存在論をうち立てることができなくなっているのである。そしてそれは科学の偉大な成功によると説明されてきたが、じつはその一方で、哲学自身が「原因論」であることをアリストテレス以来、認めてきたからでもあるのである。

これに対して、パルメニデスの存在論は、まったく原因論を含まない。世界を操作する道筋をもたないのである。つまりパルメニデスこそ、西洋の伝統のうちに真理の厳かさを持ち込み、その真理の指標として「存在」を語った最初のひとであった。他方でソフィストをはじめとして、アリストテレスもその一角を占めている原因論の思想は、近代科学に発展する思想である。その思想では、真理というものは、人間が見つけだし、利用して、好き勝手にするためにある。これに対してパルメニデスにとっては、真理というものは絶対に「動かしがたいもの」なのである。人間はこの世の経験のうちで真理に出合う。しかしそこで出合った真理は、物品のごとく、拾って、つかみあげて、どこかへ持っていくことができるものではなく、心底から畏れつつ、人間は「ある」と言うほかない、と言うのが、かれの主張である。わたしたちはこのかれの主張の本質を、けっして見落としてはならない。

かれは詩のかたちでかれが味わった精神的できごとを語っている。それによれば、かれは、闇に包まれた地上の世界を通り抜けて、天上の世界に飛翔し、正義の女神が門番をつとめる大きな門戸をくぐったと言う。そして門戸をくぐると、天上世界の主人であるらしき女神があらわれ、その女神から真理の道を示されたと言う。真理の道では、「ある」は不滅にして不変、同じままであると言われる。パルメニデスが女神から示されたその「ある」こそ、存在論の源泉となる「ある」にほかならないのである。

それゆえ、存在論の伝統を受け継ぐことは、本来的には、アリストテレスの形而上学を受け継ぐことではない。女神に逢うことができたパルメニデスの精神を受け継ぐことであると言うべきである。なぜならアリストテレスは、論理学ないし範疇論においてパルメニデスの精神を一部受け継ぎながら、他方で、原因論において近代科学に連なる自然哲学の権威だからである。かれが示した、質料、形相、起動因、目的因、という原因の区別は、近代科学から見れば、役立たずであるが、それでも、かれは自然哲学の伝統のなかからこれらの原因を取り出して、世界の出来事をその原因の結果と見て、原因を探求し、そこに真理を見つけだそうとした。この点では、アリストテレスもソフィストの系列につらなり、同じく現代の科学も、真理の扱いにおいてソフィストと変わるところがないのである。

たしかに、原因という真理も、その結果に対しては「変わらない」ものである。なぜなら、原因は「つねに」その結果の原因であるかぎりで、原因の名に価するからである。しかし原因が

「ない」ときには、結果は「なく」、原因が「ある」ときだけ、結果が「ある」。この意味では、原因という真理は「ある」ことも「ない」ことも平等にあるところの変容する真理である。そして変容するからこそ、人間がそれを利用して世界を思い通りに変える道具になる。つまり原因が無いところへ原因を持ってきて、結果を生じさせることができる。しかし、そんなふうに人間の道具に成り下がる真理はパルメニデスから見れば、畏れつつ、「ある」と人間に言わしめる真理ではない。それゆえ原因の真理は、パルメニデスから見れば、存在の真理ではないのである。

したがってパルメニデスが見いだした「ある」を見いだし、それにもとづいて「ある」を語り出さなければ、存在論は成り立たない。あるいは、その「ある」からはみ出すことなく、その「ある」にとどまりながら、同時に、その「ある」を全体的にとらえることに成功しなければ、真正の存在論は成り立たない。アリストテレスでさえ、これまで述べてきたことから明らかなように、真の成功をおさめることができなかったと言わなければならない。なぜなら、かれは、道具となりうる真理、つまり原因存在に「実体的にある」という存在論の肩書きを与えてしまっているからである。

たしかに、原因の説明が近代の科学技術によって変わり、それによって初めて原因存在が現実に人間の道具となる、という変化が起きた。そうであるなら、それ以前の概念で原因存在を考えていたアリストテレスにその責任を求めるのは間違っているかもしれない。じっさいアリストテレスの時代では、またその後の長い近代以前の時代においては、原因の存在は事実上、「ある」としか言えないもの、人間が手出しのできない存在であったからである。じっさい何はともあれ第一原因は神であった。神は人間が操作できるものではない。

しかし原理的に言って、結果を導く原因の存在は結果を前にしてわたしたちに「ある」と言わしめる存在ではない。なぜなら、結果を導く原因の存在は、結果に対してだけ、「ある」と言わしめるものだからである。じっさい少なくとも、もしも人間が当の結果でなく、第三者なら、原因の存在は人間に対してはその結果を導くための道具となるだけである。このことは形而上学者なら気づかなければならない事実である。つまり時代の背景、ないし科学技術の水準が異なっているとはいえ、原理的な水準で存在論は記述されなければならないとすれば、アリストテレスでさえ、その記述において不注意があったと非難されても仕方がないのである。

そういう厳密さにかかわる困難が存在論にはある。そしてわたしたちがソフィストの伝統に引き込まれず、パルメニデスから存在論の伝統を引き受けるためには、この「ある」を見落とさないようにしながら、存在を全体的にとらえることばを必要とするのである。したがって存在論が可能かいなかは、もっぱらこの「ある」を、わたしたちが日本語のなかで見いだすことができるかどうかにかかっている。とはいえ、日本語の問題に関わっていくことはのちの課題にしよう。今は、やはりまっすぐにパルメニデスの存在論に向かうのが務めだろう。

## 七　「自己」という「原因存在」の位置

さて、わたしは西洋哲学の伝統を引き継ぐことには同意している。なかんずく存在論の伝統を引き継ぐことに同意している。しかし、その存在論が西洋の伝統哲学のうちでつねに真正の存在論でありえたかどうかについては、西洋の名だたる哲学者たちにかならずしも同意しない。というよりも、すでに述べてきたように、アリストテレスからして同意しない。このように言えば、アリストテレスからして不同意なら、西洋の伝統哲学を引き受けることにはならないではないかと言われるかもしれない。たしかに西洋の伝統哲学をプラトン、アリストテレスに連なる哲学（かれらの哲学用語ないし諸概念を、哲学の基礎として大方引き受けること）と見なすならば、その通りだろう。また、わたしは現代の哲学者に対しても、むやみに後追いはしない。むしろパルメニデス当初の「ある」の感覚（これもわたしの解釈であることを認めつつ）を出発点として、理性の導きに従うことをもっぱらとしたい。したがってわたしが引き受けることを約束している西洋の伝統哲学が、特殊な意味になることを、わたしは否定しない。

その特殊な意味とは、プラトンもアリストテレスもそれに従って概念を吟味し、かれらの概念を説明の道具として作り上げてきた、その「吟味のはたらき」のことである。すなわち、わたしが西洋の伝統にならう、と言う意味は、不十分な吟味で論じることはしない、という意味である。しかも西洋人には何のことかわからない吟味をしない、という意味である。少なくともその程度には西洋の哲学用語を忠実に使った吟味を行うつもりである。もちろん、吟味が十分なものかどうかは第三者の吟味を必要とする。そして第三者の吟味を受けられるように、わたしが行う吟味は通常の哲学用語から大きく離れることはないようにするつもりである。ただ、いささか不安があるとすれば、吟味の十分さについては彼我の間に相違があるかもしれない、という懸念である。またアリストテレスの時代とは異なり、諸科学の発達により科学的諸真理の分量は膨大なものとなり、それをすべて吟味にかけることは不可能であり、そのうえ、直接的な問題として、現代哲学の議論すらもわたしには扱いきれないほど膨大だ、ということである。

それゆえ以下の議論が十分なものかどうか、その説得力については、多くの批判を覚悟しつつ、わたしとしては議論を展開していきたい。しかし哲学にとって致命的な欠陥をもつ議論があるとすれば、それは議論が批判を当てにできないほどあいまいであるとか、説得の材料として持ち出すことがらが、あまりに一方的で特殊である、とか、吟味自体が十分に学問的でないということにある。それゆえこのような議論にだけはならないように、こころして議論するつもりである。そのことによって、この試みを、なんとか形になるようにしていきたい。

さて、議論に入ろう。

まず戦略的にこの吟味を有効なものとするために、存在を分析していく道が二つあることを明確にしたい。一つは、人間存在の原因を見いだす道であり、もう一つは、人間の経験を見いだす道である。

わたしは今しがた原因存在は道具に成り下がる存在であるから、存在論を形成する「ある」という肩書きには「原因存在」は十分でないと言ってきた。アリストテレスの四原因を批判したのもその理由からである。にもかかわらず、ここでふたたび原因存在を存在の分析を進めるための基礎とするのはなぜか、その理由を明らかにしなければならない。

一般的な原因はアリストテレスにおいても、世界の存在のなかで原因となる存在である。このような原因はそれが理解されるとき、人間によって道具となる。なぜならその原因の操作によって、結果が操作されるからである。他方、人間の「自己」は、その「自己」自身を除いて、他者を道具とすることが可能である。「自己」自身は除いて、という意味は、それが主体でなければ、道具を使用する側の主体がいないからである。「自己」存在こそが道具を使用する主体として存在することができる。それゆえ、それを除いて、世界のすべては主体の道具に成り下がることができる。それゆえ自己存在という原因を除いて、すべての原因はやはり道具にされる可能性を秘めている。

ところで、道具になる存在（自己が対象とする存在）は、道具を使用する主体となる「自己」にとって「ある」と言わなければならない存在ではない。むしろ反対に、道具になる存在のほうが道具を使用する「主体・自己」を、自分の主人として「ある」と言わなければならない。なぜなら道具存在は、その「主体」によって使われることを通じて、はじめて自分たちが「ある」ことができるからである。言うまでもなく、その道具によって「ある」こととなる結果存在もまた、同じように、道具を使って自分を生みだした「自己・主人」こそ、「ある」と言わなければならない存在である。

つまりこのように見てくると、「ある」と言わなければならない（必然のいましめをもって、あると言われる）ものとは、世界のうちに見いだされる一般的原因ではなく、むしろ「主体・自己」である。たしかに「自己」は、意志主体として一つの原因である。これまでの議論から下す結論としては、したがって特別の意義をもった原因存在として、自己こそが「ある」と言われるべきだろうか。しかし、それでは、自己存在こそが存在論における存在「ある」の根拠なのであろうか。この結論はたしかに近代の主観主義に沿うものである。しかし、ここには明白な誤りがある。わたしたちはここで現代の西洋の論理に従ってはなはだしい脱線をしないように注意しなければならない。なぜならパルメニデスが「ある」と言わなければならない、と言うとき、この「ある」を発言するのは、人間であり、人間の理性である。このことは明白である。つまり「自己」が「ある」と言わなければならない相手こそ、存在の分析の基盤となる「ある」を提供する何かなのである。けっして自己によって使用される道具が「ある」と発言する、というのではない。

すなわち、人間である「わたし」が、それは「ある」と、発言を求められ、発言しなければならない相手が、存在論を成り立たせる根拠となる「ある」である。「自己」ないし「主体」存在も一種の原因存在であるが、けっして存在論の基盤となる「ある」を必然的に自己に発言させる何かではない。もしも特定の「自己」が、他の特定の「自己」を指示して、「ある」と発言しなければならないということが起きるとすれば、それは、一方が他方の道具存在に成り下がったためであって、その場合、「ある」と発言する立場に立った自己は、道具存在となった自己であり、道具となった自己はもはや本来的な自己ではない。このような事態は、別々の人間どうしの関係であろうと、同じ人間のなかで自己が分裂した状態で起きることであろうと、形而上学の議論のレベルでは同じことである。道具になった自己は、本来的な意味での自己ではありえない。それゆえ、いかなる意味でも、人間の「自己」は存在論の基盤となる「ある」を人間に言わせる力をもつ存在ではないのである。なぜならその自己こそが、自己以外の何かについて「ある」と発言する主体でなければならないからである。

## 八　人間を支える「原因存在」

以上の議論から明らかになってきたことは、つぎのことである。すなわち、存在論の基盤となる「ある」は、人間が何らかの対象に向かって「ある」と言わなければならないところのものである。そしてその何かが存在論の基盤である。言い換えれば、それは道具存在に成り下がることがけっしてない存在であり、人間に対して厳然として「ある」ところのものである。わたしが、この議論の始めに、二種類の「ある」がそのような存在であると述べた意味は、ある種の「原因」

と、人間が出合う「経験」が、人間にとって「ある」と言わざるをえない存在であるという意味である。しかしすでに述べてきたことから推察されるように、原因存在のすべてが、ではなく、ある特定の原因が、である。

その特定の原因とは、人間存在を根底から成立させている「存在」である。それがなくなれば、人間の存在も不可能なものが、人間にとって「ある」と言わなければならない存在である。なぜなら、無くてもかまわないと、人間が王様気分でそれを道具化しようとしても、それが無くなれば、もはや人間が現実に存在しようもないとなれば、それに対しては人間も「ある」と言わなければならないからである。言うまでもなく、わたしは観念論で述べているのではない。現実の事実として、人間が生きて在る、ということのために、なくてはならないものがあるとすれば、それこそ人間が「ある」と言わなければならないものである。それは、そのことを客観的に認める勇気があるのなら、たとえ人間がこれまではばかにしてきた存在であっても、謙虚にその存在を認め、「ある」と言わなければならない。なぜなら存在論は観念論ではないのだから、人間の思い通りに世界を論じることが目的なのではなく、人間にとって「ある」というほかない存在の重さを確認することが目的だからである。

たとえば大国の大統領はそのような「ある」ではない。なぜなら、かれがどれほど国家間の政治的かぎを握っているとしても、人間存在にとってかれは絶対的前提ではないからである。むしろまず、地球や太陽や月の存在のほうが、人間存在の絶対的前提となる「ある」である。おそらく、これらのものが無くても、人間は生きていけると断言できる人間はいないだろう。月は無くても大丈夫だと考える人間はいるかもしれない。しかし、月の引力による海の干満が無くなるとき、はたしてそれがわたしたちにとって致命的でないと言い切れる人間はいるだろうか。これらの存在は無機的であり物質的であるが、わたしたちの存在を根底で支えていることは否定しがたいのである。それゆえ、「ある」と言うほかない。同じように、水も、無機的であったとしても、それなしにはわたしたちの存在はありえないのだから、「ある」と言うほかない。

これに対して、放射線を出す物質は無くてもわたしたちの存在を左右することはない。むしろ在るほうが危険でさえある。それゆえ、それは「ある」と言う必要はない。たしかに個々の経験のなかで、たとえば放射性物質が「ある」と発言することを、人間が迫られることがある。わたしたちの行動が確かなものであるためには、言うまでもなく現に在るものについては、「ある」と言わなければならない。しかしそれはたまたま遭遇する経験のなかで個々に偶然的に起こることであり、本質的地平で「ある」と言うべきものではない。すなわち、本質的に人間存在を支えるものではない。むしろ危険にさらすものである。それゆえ、ここでは、とりあえず放射性物質は人間存在を支える原因存在の資格で「ある」と言うべきものではない、と述べておく。

他方、バクテリアからさまざまな動物まで、地球上の生態系は「ある」と言うほかないものである。なぜなら、それは人間存在を根底で支えているからである。わたしたちは各種の生物がどれほどのかけがえの無さで生態系を作りだしているか知らない。周囲にどれほどの種があるかということについてさえ、わたしたちは推測するしかない。したがって、具体的なことになれば、「ある」と言わなければならないものがどれほどあるかさえ、わたしたちは知らない。このことはまた、わたしが作り出そうとしている存在論がはなはだ不完全で未熟なまま終わることを教えている。とはいえ存在論は観念論でないということは宣言した通りなのであるから、逃げ道をつくることはできない。漠然としたままに、わたしは地球上の生態系の全体を、ひとまず、ひっくるめて「ある」と言うほかないものとしてあげておこう。

これらの「ある」ものは、現代の現実のなかでは人間によって道具化され、生活の便利・快適さのために、「在っても無くてもよいものとして」扱われている。しかしこの現実は、存在論が「ある」と言うべきであると語っていることを頓挫させたり、ひっくり返したりするものではない。むしろ現代人がそれらを道具化していることに警告を発するものである。人間が畏れつつ「ある」と言うべきものを、道具存在に引き下げて、人間が世界の存在のあり方を破壊していることは、存在論の立場からすれば、それは同時に「ある」と発言すべき人間の破壊そのものである。あるいは、人間存在の無視そのものである。すでに述べたように、人間存在を支えているものが「ある」。それは人間存在の原因である。人間にとって、己の存在の原因は、それを「ある」と言うことがなければ、己の「ある」ことも了解しがたいことになるところのものである。なぜならアリストテレスが言っているように、原因から知ることがなければ、ものごとを真の意味で知ったことにならないからである。

それゆえ人間は、己の存在を知るためには、己の存在の原因を知らなければならない。そのための一歩は、その原因が「ある」ことを認めることである。「ある」と知らずに、あるいは、より正確に、「ある」と言わざるをえないことを知らずに、その原因を「あっても、なくても良い」と思っているのなら、己の存在も同根（その原因があるかぎりで、己も存在する可能性をもつもの）であるために、結果としてあるところの己の存在も「あっても、なくても良い」ものと考えざるをえない。ところで、「あっても、なくても良い」存在とは道具存在である。なぜなら道具存在は、使用のための存在であるがために、あれば、使うし、なければ、使わないだけのことだからである。たしかに使うためには無ければならないが、使うことがなくとも、使う側・主体の自己は、存在することができる。それゆえ、それは自己にとって必須の存在ではないのである。

ものを道具存在と見なすことは、このように、その存在を選択肢の存在として扱うことである。言い換えれば、ものを選択する側ではなく、選択される側に置く、ということである。それゆえ、人間が己の存在の原因を知ることがないままに、あるいは、それを真実に「ある」と認めることなしに生きるとき、人間は、己が選択される道具として扱われることを、いやでも認める存在にならざるをえない。それは知らないままに自己を見失う道である。なぜなら、自己は、本来的には主体として道具を使用する存在である。それに対して道具となったものは、自己の対象であって、もはや自己ではないからである。それゆえ、己の存在の原因を知らずに、それを「ある」と認めることができずにいることは、人間が自己を知らず知らず破壊する道である。

それゆえ人間の存在を支えているものを「ある」と認めないで現実を生きる人間は、存在論の立場からすれば、己の存在を無知の闇のなかに追いやり、結局は破壊している人間ということになる。かれはニヒリズムに陥らざるをえない。したがってわたしたちは、現代に生きるわたしたちがもっている意識の現実の状態をうのみにするのではなく、あるべき状態、すなわち自己存在を原因から知る状態を求めて、「ある」を意義づけなければならない。そしてその答えとしては、人間存在にとって地球上の生態系とそれを物理的に支えている天体は、「ある」と言わなければならない存在であり、それらを今現在、人類が道具存在と見なしていることは、まったくの誤りであるということである。

以上で、手短に人間にとって「ある」と発言しなければならないところの「原因存在」が何であるかを見たので、つぎに人間のもつ「経験」にあらわれる「ある」を見ておかなければならない。

## 九　アリストテレスの範疇論との対比

この第二の「ある」は、アリストテレスで言えば「述語存在」の「ある」である。哲学用語で言えば「範疇論」ということになる。原因存在について、わたしは自分の立場のアリストテレスとの違いを論じたので、述語存在についてもアリストテレスとの違いを明確にする必要があるだろう。

さて、アリストテレスの範疇論は、現実には研究者によって種々に論じられていることがらであるが、わたしはごく大ざっぱにつぎのように見ている。かれが言う「実体」とは、霊魂をもつものである。実体は、主体・自己となるものであり、根本的に「他を動かすもの」であり、なおかつ「己を動かすもの」である。言い換えると、自動のものであるゆえに、自分を動かす他者を必要としないものである。アリストテレスはそれを「霊魂」（ギリシア語でプシュケー、ラテン語でアニマ）と呼んだ。アリストテレスは天体も霊魂をもつゆえに動いていると考えていたので、天上の世界で動く天体にも、それぞれ霊魂があると見ていた。霊魂には秩序があって、天上の霊魂があって、その下に地上の霊魂も動いている、というのが当時の通常の世界観である。したがってアリストテレスでも、地上の霊魂である人間の霊魂は、近代人が考えているほど自由に動いているとは見ていない。あくまでも天上の霊魂が許してくれる範囲で自ら動いていると考えていたのである。

天体の霊魂を、人間の霊魂の上位に認める、という考えについて言えば、かれの考えはわたしの主張と似たものになる。なぜなら、太陽や月を「ある」と認めるべきであるという主張では、わたしの主張はかれの世界観と重なるからである。ただしアリストテレスは、地上の霊魂のうちでは人間の霊魂を最上位に考えているので、残念ながら、そこでかれとわたしはたもとを分かつことになる。なぜなら、わたしは地上の生態系の全体をまずは「ある」と認めるべきである、という主張をもつからである。

じっさいアリストテレスは実体を、霊魂存在と見なした。そして地上においては、人間こそ他の動物や植物の霊魂（それらもいくらかは、それぞれ主体であり、自ら動き、他を動かすものである）の上位にあって、かれらを従属させる権利をもつと見なしている。そして実体ではないもの、つまり種々の偶性、たとえば、性質、分量、関係、等々は、言うまでもなく、実体（霊魂）に述語される。繰り返すが、述語されるということは、従属している、ということである。また、実体（霊魂）が動かすもの、すなわち、実体によって動かされるもの、言い換えれば、物体的でそれ自体は自分で動くことがないものは、実体（霊魂）に述語される。すなわち、実体に従属しているというのが、かれの範疇論である。

さらに言えば、「範疇論」と言うように、分量や性質、といった述語存在を、アリストテレスはそれぞれ別々の学問分野として取り出す。その理由は、人間がこれらの述語存在を別々に独立して語ることができることに由来している。すなわち、性質や分量や関係を、抽象化してそれぞれ独立して取り出すことができるために、おのおのに関して「知識」が成り立ち、分量についてはとくに数学という学問が独立して成り立つというわけである。そして哲学ないし形而上学は、かれにおいては諸学問の上に立って、それらの諸範疇間の関係をさらに論究する役目をもつのである。

このようなアリストテレスの述語存在に、わたしが構想している経験存在（重大な価値があると見なされる経験をあらわす「ある」）を対置することは、かなり問題を複雑化してしまうかもしれない。しかし歴史的に分析することを割愛するなら、西洋の存在論を引き受けることにならないので、あえて取り組んでおこう。

まず、アリストテレスにおいては「実体」＝「霊魂・自己」がなによりも「ある」と言われる。これに対して、わたしが構想する存在論において「ある」と言われるのは、むしろ実体に数えられている人間の自己によって「ある」と言われるもののほうが、「ある」と言われる。すなわち、人間の自己を形成している（人間を作りだし、維持している）「原因存在」と、自己の精神を形成するうえで本質的と見なすことができる「存在についての経験」がその種のものである。前者については、実体に関連してすでに述べたことである。すなわち、天体についてはアリストテレスと同じように、「ある」ものであるし、その他の生物については、かれと異なり、生態系の全体を自己の「原因存在」と見て「ある」と言う。それらはいずれもわたしたちが自分たちを支えている存在と認めて、「ある」と言わなければならないものである。

したがってここでは、後者について、アリストテレスとの違いを明確にしなければならない。すなわち、自己の精神を形成するうえで本質的と見なすことができる存在とは何か、ということがわたしの問いであり、これに対して、アリストテレスの後者についての問いは、「実体＝自己」

について述語される存在とは何か、なのである。つまり実体に従属的でありながら、実体についていて言われる存在を数え上げて秩序づける仕事をアリストテレスは行っている。これに対してわたしは、アリストテレスが行っていることは、実体以外のものを実体の従属物として位置づけて、結局は道具存在にしているだけだと非難する。言うまでもなく、アリストテレスの主張はそれが真実であるから、そのように位置づけているのであって、問題は、はたして実体以外のものは、存在論的真実において実体に従属するものと考えるべきなのか否か、ということに尽きる。

このことは再度、存在論の根拠ないし意義の問題を論じることになる。アリストテレスのように考えていくことは、すでに述べたように、地上においては少なくとも人間が王者であり、他のものはそれに付き従うものであることをあらかじめ是認するものである。なおかつ、アリストテレスが一般の言語使用に基づいて範疇論を展開していることから見れば、かれが当時の社会一般の言語使用を真理の徴表と見なして信頼している（多数派による真理判断）ことは明らかである。しかしわたしは、多数の人びとは文明社会のまどろみのなかにいて、むしろ真理に関して迷いのなかにあるとすでに述べた。したがってその言語使用は真理を言い当てることについてはまったく失敗していると考える。おそらく、存在論の創始者であるパルメニデスも同じように考えている、というのが、わたしの判断である。

パルメニデスは創始の混迷のなかにあったので、かれの詩の展開は混乱しているように見える。その意味ではアリストテレスの議論のほうが、はるかに参考になると言うべきかもしれない。しかし根拠となる「ある」の捉え方に関して、わたしはアリストテレスには従えない。つまり地上の実体（生物）についての「ある」と、それ以外のものの「ある」に関して、「実体と偶性」という関係で見ることは拒否する。なぜならそれは一方を支配者と見なし、他方をその道具と見なすことを含んでいるからである。わたしはそれぞれのものについての経験のうちで、何が自己の精神形成にあたって重要になるかを見定めることなしに、つまりそれについての検討を行う前に、言語使用の一般性によって世界のさまざまなものが実体に従属していると主張するのは、大きな誤りであると考える。

ところで、言語使用は、一般人がものを道具として使用する文明の日常に適合して発達している。そしてその日常に適合して、その道具使用を合理的なものにしてきたのが科学であった。科学は、一般的には、対象を道具存在にするために、対象を研究しているのである。つまり科学は、もともと道具にするために対象がもつ原因の力を分析しているのであって、対象の真の本質をとらえるために研究しているのではない。したがって科学研究は、一般に対象を道具化するうえで便利な方法なのであるが、その生きた本質（人間の精神形成に重要な影響を与える側面）をとらえることに関しては、無力なのである。

それゆえ、一方でアリストテレスの論法は科学的であるという強みをもつ。それがいかに前近代的であって、現代科学から見れば役立たずであろうとも、原理的には、科学的なのである。それゆえ科学によって力を得ている現代人から見れば、わたしの存在論のほうがはるかに古代的で、魔術的ないし、非科学的で、説得力がない、と思われるかもしれない。しかしわたしは、そのような非難をおそれない。なぜなら再三述べてきたように、現代人が信頼を寄せているその科学性こそ、現代人を混迷に陥れている原因になっている、というのがわたしの見方だからである。

科学は、人間が、あるいは、何であれ、主体をもつものが「ある」ことを人間精神に納得させる力をもたない。なぜなら科学はすべてを道具的なものにする力だからである。存在するものがすべて科学の目で見るなら、道具なのである。人間を含めて、また自己自身を含めて、すべての存在が、ただの道具であって、主体としての意義を認められるものではない。そういうことを科学はむしろ納得させる力なのである。世界に見いだされるものは科学の目で見ればすべてが道具である。したがって科学の目で眺めるなら、どこにも生きる指針を見いだすことはできない。なぜなら道具は目的ではなく手段に過ぎないからである。このようにしてすべての現代人は発達した科学の情報によって、自分までもが「在ってもなくてもよい」ものであることを自覚させられてしまう。なぜなら道具とは、そういうものだからである。しかし「在ってもなくてもよい」ものなら、生きる意味など見いだせるはずはない。したがって人間は、不安と焦燥のなかで、生きるほかなくなっているのである。そしてそれが科学的な人間であり、文明的な人間の生き方であると、納得させられているのである。

とは言え、科学的であることがもつこのような欠陥を指摘して、その欠陥を補う目的でわたしが存在論をあらたに構想したという見方は間違いである。わたし自身は、「ある」と真実に言われるべきものが何か、ということについて、アリストテレスの伝統とは少し異なった見方を見つけて、そのほうが真実性が高いと判断したから、あらたな存在論を構想した。この構想では、生きてあるもの以外のものでも、たとえば、太陽や月や大地も、あるいは、海も山も、川も、実体である。まことにそれらは「ある」のであって、その「ある」ことに従わない人間は、自己を自己として知ることができずに、迷いのなかにあると言われる。なぜなら、そのような人は、自己存在を支えている存在を「ある」と知ることなしに、自己が「ある」と考えようと、無根拠のままに自己の存在確信を求めているからである。

## 十　経験される――「存在」現象学との対比

わたしは、人間の存在を支えている存在（繰り返し述べたように、太陽等の天体と、地球上に広がった生態系の全体）をまずは「ある」と定める。それは人間が現に在ることができるように条件をつくっている原因である。つぎに、人間の存在を支えている存在についての〈経験〉が、人間の精神を形成する根拠となるべきだと主張する。なぜなら自己の存在を支えている存在に気づくことは、人間が自己の精神を形成するための、疑いようもない出発点でなければならないからである。

その際、つぎのことを考えておかなければならない。すなわち、文明人は文明が自己の存在を支えていると通常は認識している。あるいは国家が自己の存在を守り、支えていると認識している。これに対して文明や国家は不正に基づいて存在していることを指摘されれば、文明人は自己がその不正によって存在していることを認識するほかない。このことを、文明人はどのように考えるべきなのか。

ところで、経験を問題にするためには、経験というものが、個々人の意識現象としてあらわれることを認めなければならない。とは言え存在論は、現象学の立場とは異なり、単純な記述を目指しているのではなく、価値の重大さを見きわめようとするものである。なぜなら、存在論はパルメニデスの嘆き、あるいは軽蔑の血を引いているからである。つまりかれの嘆き、軽蔑とは、一般民衆が疑うこともなく欺瞞の世界のなかに生きていて、真理の世界に目を向けようとしないことに対する、嘆きであり、軽蔑であった。

それゆえ、現象学の運動が行っている一連の作業、つまり経験されたことについて人間がもつ一般的心理の記述を行っても、それは欺瞞を真理として定着させてしまうだけになる。なぜなら哲学者が考察したことによって、記述された事実が学的権威を帯びるからである。それゆえ存在論は、たんなる記述を超えなければならない。じっさい存在論は、現実に今の人びとがどのような経験を自分にとって重大と見なしているかを哲学用語で権威化するものではない。そうではなくて、哲学的真理を考察の視点において考察し、そのことを通じて「重大と見なすべき経験」を取り出すことが存在論の役割である。したがって存在論の考察は、心理学でもなければ今風の現象学でもないのである。

しかし「経験」を問題にすると、言うまでもなく、「実存」つまり「現に在る」ことが問題になる。なぜなら現に在るものに、わたしがその実存において遭遇することが、わたしの経験を成立させ、遭遇したものの本質が何であるかは、経験を通した認識の課題となるからである。ところで、現に在る、という実存の性格をもつことができるものは、個体でしかない。その個体の実存に遭遇することができるものも、「わたし」という個体でしかない。ところで、わたしがわたしという個別性を超えて普遍に達することができるのは、わたしの認識が、わたしのなかで何らかの意識的努力（吟味）を通じて普遍化され、わたしだけのものではなくなったときであり、そのときわたしは、はじめて「本質」に達したと言われるのである。

意識的努力が払われずに、ただ遭遇に印象づけられただけの段階は、人間の認識にとって「現象」の段階である。この現象という段階には多くの思惑が混ざるものである。じっさい、何かのときに、まったく違った印象を受けて誤解してしまう、という経験はだれにもあるように、客観的であるための努力を抜きに、自分に現れた現象を真実であるかのように記述しても、それは客観的な真実としての記述とは異なる。現象学的方法論はその独特の制限を通じて思惑を排除し、客観的であることを標榜している。しかし、それは哲学の歴史の沈殿物を払拭するためには有効かもしれないが、その方法が存在論の基盤を提供することはけっしてない。なぜなら、存在論の基盤は思惑のない中立的認識ではないからである。現象学的方法論は思惑による誤解を排除することはできても、それでは必要の半分でしかない。中立的認識は、わたしたちに、生きるための指針を与えてくれることはないからである。

すでに簡単に歴史を振り返ったように、存在論は、自己を転回点として本質論から実存論（現象論）に転回してきている。自己を問題にするなら、本質ではなく実存を問題にするほかないからである。しかし実存を問題にするために、本質を問題にする手前で現象がふるいにかけられる。なぜなら実存は現象の段階で語られるが、本質に至っては捨象されるからである。しかし、たとえふるいにかけられて残った本質があっても、自己が見いだされなければ、道具だけあって、主人がいないようなものである。「自己」という中心がなければ、本質に到達しないかぎり、自己がもつ認識は現象のなかを浮遊するだけである。それゆえに、本質論から実存論への転回は、自己を基盤とした（言い換えると、自己に執着したままの）本質論から現象論への転回でもある。ここでの現象論というのは、本質を見いだす手前の段階に踏みとどまる、あるいは、躊躇してつぎの段階には進まない、という程度の意味である。

J・P・サルトルの哲学的主著は『存在と無』であるが、それは「現象学的存在論の試み」という副題をもつ。かれがこのような副題のもとに存在論を展開しているのは、存在論を現象学にとどめよう、という理由からなのである。それは自己と現象をめぐる存在論である。しかし現象に踏みとどまるかぎり、自己は進むべき道を見いだすことはできない。サルトルの実存主義の場合、進むべき道を見いだすことは個人に任される。それがかれの個人主義であり、自由なのである。しかし、哲学が人間の生きる道について指針を示すことができないことを、哲学の科学化、哲学による人間の自由の宣言であると主張してご満悦でいることはできないとわたしは思っている。じっさい人間を、人間がもつ哲学から解放して、どんな自由が約束されると言いたいのだろうか。

## 十一　「自然」という女神が教える真正の存在論

それゆえ西洋の歴史のうしろにつくことはせずに、わたしたちは、存在論の真の課題を解決しなければならない。わたしたちはヘーゲル以降の自己中心的存在論のあとを追わないが、しかしそれでも、「経験」は問題にしなければならない。しかし、それを問題にするとき、実存は自ずから問題にせざるをえない。わたしたちは経験をもつとき、「ある」に遭遇するのである。そしてそのとき、実存にも遭遇するのである。とはいえ問題は、このとき何が考察の視点とすべき哲学的真理であるか、という点にある。アリストテレスは当時の諸権威の意見を吟味することによって考察が欺瞞に陥らないようにしている。そして学問的吟味としてはそれで十分である、ということがアリストテレス以来の学問の伝統である。しかしパルメニデスが示す偏屈さ（真理とすべき規準の厳格さ）は、このような方法によって満足させられるものではない。なぜならかれは、欺瞞に満ちた夜の世界であるこの地上世界を超えて、天上の女神のところに行って真理の道を聞くまで満足しなかったからである。言い換えれば、この世の諸権威も、哲学的真理の規準の吟味のためには十分とは言えない、というのが、パルメニデスの立場である。

すでに述べてきたことからも明らかなように、わたしの論もパルメニデスの立場を引き継ぐものである。西洋哲学の伝統を引き継ぐが、それにしても、西洋哲学が常識としているところをそのまま受け継ぐことはしない。説得力をもちうる範囲を守りながら、パルメニデスと同様に、世の常識を超えて、もう一人の女神（自然）から、あらたな真理の規準を受け取ることをためらわない。その規準となるのは、人間の存在を支える原因存在についての経験である。すでに述べたように、現実的に、人間存在は地球や太陽や月、あるいは水によって支えられている。それらが無くなれば、人間は生存不可能である。それゆえ、これらはたとえ人間が意識していなくとも、「ある」と言わなければならない存在である。

ところで、そのような存在は人間存在にとって重大な存在であることは疑いようもない。一般人がその重大さを意識していなくとも、重大で「ある」ことに変わりはない。それゆえ、その存在を前にして人間がもつ経験もまた、真実の目からすれば、重大であることは疑いようもない。つまり太陽や月についての経験は人間にとって重大な経験である。たとえ太陽や月について、ある人がそれらを重大な存在と意識していないとしても、それはかれの意識の持ち方が誤っているのであって、それらについての経験は、人間にとってかけがえのない経験として扱われなければならない。なぜなら、それが「ある」と言われるべきであることは、疑いようもなく、真理だからである。そしてその「ある」と言われるべきものについて得られる経験は、それがどのような経験であれ、検討に価する。

したがって存在論を展開することは、まず、人間の身体機能を成立させているあらゆる無機的物質からはじめて、さらに、人間の身体機能を維持している、あるいは生長させている、あらゆる栄養物にかかわって、その真理性（「ある」と言われるべきその内実）を研究することである。つぎに、この二種類の存在に関しての「経験」（人間精神のもつ現象）について、その真理性を研究することである。ところで、言うまでもなく、わたしたちが経験することがらは、現実の身体の維持に必須となるもの以外の存在についてもある。そのなかには、文化的に、あるいは、それ以外の理由で、きわめて重大な経験があると思われる。つまり人間の身体的存在に直接関わらない存在の経験のうちで、「ある」と言われるべき存在の経験があるかどうかについても、見きわめていかなければならない。

その方法ないし規準はどうするのか。すでに述べたように、わたしたちが見いださなければならない存在論はパルメニデス以後の哲学者の考察を参考にしようとしてもそれは十分な参考にはならない。なぜならパルメニデス以降は、哲学者たちはすべての経験を無選択に対象として、ただその分析をするだけだったからである。わたしたちは経験を選択しなければならない。しかしそれについては、わたしがあらかじめ述べておけると考えるのはつぎのことである。すなわち、何がわたしたちにとって真実に重大な「ある」の経験かは、これに先立つ経験、つまり先ほどあげた二種類の存在についての経験の分析が、見分け方を教えてくれるはずだ、ということである。

すなわち、人間存在に必須な事柄としてわたしたちがあらかじめ選択した事柄についての経験が、わたしたちに、それ以外の存在についての経験のなかで重大なものとして取り上げるべきものが何かということを教えてくれるはずである。なぜなら、人間に「ある」と言わしめる存在、すなわち、人間の身体的存在の原因となるものは、まず人間の身体存在に関して、何らかの重大さをもつ。そして、それについての経験こそが、人間に対して、生きていくために大切な経験が何であるかを教えてくれるに違いないからである。そしてそういうなかで見えてくるものが、人間が生きて考えるうえで、他の何よりも「ある」と言わなければならない存在であることは、また疑いようがない。これはちょうど文化的生産物について、その優秀さを見分けるためには、やはりそれらについての人一倍多くの経験が必要であることと、類似のことがらである。

自分に起きた経験的出来事のなかで、人間にとって「ある」と真実に言うべき経験が何かを見分けるためには、十分な学習が必要である。なにも学ばなくとも、人間の生の感覚があれば、それで十分であると考えるべきではない。やはり学ばなければ誤った選択をするのであって、それはちょうど、古物商に出かけた自称目利きが、勉強もしないで知っているつもりでいるために、とんでもない偽作を本物と思いこむようなものである。存在についても、真実を真剣に学ぶことによって、はじめてわたしたちは真実を見分ける力を得る。哲学を学ぶことの重大さは、じつのところこのようなところにある。

これらの分析について、あらかじめ予測を示しておくことは無意味なことではないだろう。おそらく、わたしたちが分析しなければならないことはすでにあげてきた無機物的自然と、人間にとって栄養となる、あるいは食物となる自然と、それから人間どうしの社会関係についての経験であるだろう。なぜなら、わたしたちにとって「ある」と言わざるを得ないものとは、わたしたちが生きていく上で欠かせないと判断できるものに、まずは限られるからである。存在論に関するこの予測は、たとえばプラトンの判断とは異なる。かれは、およそどんな存在についても、きたないものであれ、みにくいものであれ、その真理は「ある」と語られる、という立場をたもっていた。およそ、真理であるものは、ことごとくすべて包括しなければ存在を論じることにならない、というのが、その後の存在論の伝統的立場である。

しかしわたしは、それは存在論ではなく、全存在を支配するための包括論ないし統括論であると言う。存在のすべてを一冊の書物で言い尽くそうとする試みは、全世界を支配下に置こうという意思が隠れている欺瞞の哲学である。これに対してわたしが存在論と呼ぶのは、人間が正しく人間であるために、畏れつつ「ある」と認めなければならない存在を明確にすることである。その分析から、わたしたちがこの地上に生まれた生物の一種として生きることを学んでいく、そのための基礎理論が、真正の存在論である。けっして全存在を対象とするものではない。全存在については、無知であることを知ったうえで、わたしたちにとっての「ある」を選択する。その選択は、わたしたちが自らの生を決定することになる重大な選択でもある。わたしは、人間はすべてを支配するために生まれたとは判断しない。そうであるがゆえに、わたしの存在論は全存在を数え上げたりしない。むしろわたしの存在論は、人間はいったい、どこで生きる世界をもつか、どこまで生きる世界をもつか、ということを、慎重に選択するために、存在を選択する。言うまでもなく、人間は生物界の一員である。このことの自覚を十分にもつことができる経験こそ、わたしたちが存在論を構成するために存在を選択するとき、教え導いてくれる経験であるに違いない。このことは少なくともあらかじめ言えることである。それゆえ、わたしの存在論が存在を選択的に受け止めるとき、その選択は人間とは何か（生物界においていかなる一員なのか）を事実上含む選択となる。なぜなら、人間であることの反省を抜きにして、わたしたちにとって「ある」と言わざるを得ないものを選択することは、できないからである。

それゆえわたしの存在論は、存在について論じる前に、人間であることの反省をあらかじめ始めなければならない。

# 第Ⅰ章　人間とは何かという視点

## 一　存在論のための人間論

存在論を展開するために、あらかじめ人間論を展開しなければならない理由については、すでに述べたとおりである。一般にこれまで存在論と呼ばれてきたものは、およそ「ある」と言われるかぎりのもののすべてを、一般的に統括しようとするものであった。存在論は、プラトン以来の伝統として、「存在であるかぎりの存在」を対象とすると、言われてきたのである。しかしどれほど長い間伝統として是認されてきた命題であるとしても、これは間違いだとわたしは考える。すべてを統括する存在論を追求することは、結局は全存在の道具化を論ずることに過ぎず、無邪気に世界支配を実現しようとする人間の愚かさに従うことでしかない。これに対して真正の存在論は、人間が、「ある」と答えなければならないものを知るために考察される。真正の存在論は、人間が「ある」と言わなければならない「ある」を見きわめようとするものである。それゆえに本来の存在論は、「人間」が「ある」と語るための規準でなければならない。

アリストテレス以来の伝統的存在論は、およそ「ある」と言われるかぎりの「ある」の探求と言われる。たしかにこのような言い方のほうが、ことばのうえでは、いかにも客観的な立場を守っているように見えるが、事実は逆である。そのような存在論はすべてを中立的に扱うことで、むしろ人間を含めて、すべてを道具（媒介物）にすることを約束している。すなわち、すべての存在を価値評価から引き離し、無色無臭のものにしておいて、わたしたちが自由に（都合よく）それらを価値評価することができるようにしているのである。事実としてはこのようにすべてを道具化する意図をもちながら、表向きわたしたちがそれによって客観的立場で世界を見ることができるようになる、と主張している偽りの存在論なのである。

しかし、偽りが示すものは幻想でしかない。わたしたちは人間である。利己的な欲望をもちがちな存在である。世界を中立的な存在として存在論が語るなら、それを聞く欲望をもった人間は、自己をその世界には含めず、世界のすべてを自分の欲望実現に利用しようとする。そしてたとえそのようなことをしても、そのことが何ら他者の権利侵害とならない、という都合のいい証明を存在論からもらって喜ぶだけである。なぜなら、かれらは、世界が価値について中立的なら、その価値を決定する自由が自分たちに与えられていると判断するからである。繰り返すが、わたしたちは人間である。このことを忘れることが、わたしたちが客観的になることではない。むしろ、人間であることを自覚することが、世界に対するわたしたちの客観的な態度である。わたしがこれから示そうとしている人間を規準とする存在論は、人間の限界を先だって明確にする。そのことによって、わたしたちが、あるべき「ある」に従順になることを、つまり世界のなかに尊重すべき実体を見いだすことを、あらかじめ約束する。そのためこの存在論は、人間にある一定の世界観を与え、生きるうえでの指針を示すことができる。

このような存在論を展開するためには、わたしたちが何であるか、が最重要な課題となる。なぜならそれが人間の限界を示し、そのことにもとづいて、人間が「ある」と見なさなければならないものを見いだすことができるからである。したがって自分たちの周りに見いだされる「ある」ものどものうちで、わたしたちが選ぶべき「ある」とは何かを見つけだしていくための客観的人間論が、あらかじめ必要である。なぜなら、客観的人間論がなければ、共通の世界観において「ある」を限定することができないからである。すでに述べたように、規準となる人間存在が定まってこそ、あるいはその人間存在の本質が見えてくるに応じて、限定されるべき「ある」もまた見えてくるからである。

ここで、現象するもろもろの存在のうちで選ぶべき「ある」がある、と言われる理由はつぎのことである。すなわち、わたしたちが生きていくうえで、精神的肉体的に真実に重大なことがらが何か、ということが、その他の雑多なものどものなかに、混じって存在していて、十分注意を払って学ばなければ、それを選ぶことができず、そのために人生をむだにしてしまう危険がある、ということである。

言うまでもなく、この種の危険をもっとも宿しているのは、商業主義の宣伝である。現代では人間の経済活動が人間の考え方を大きく変えてしまっている。経済活動はその宣伝も含めて商業的利益のためにあるのであって、人間の生を真実に実現するためにあるものではない。ところが商業主義は、今や意図せずにではあるけれども、結果的にだましのテクニックに走り(「夢を売っている」と主張する)、顧客となる人びとに自分の利益を増すだけのものを売りつけながら、それこそが各人の人生に必要なものであるかのように見せかけている。そして、その点を指摘されると、今度は、利益を得るために営利企業は存在するのであるから、そうすることが自分たちの正義であると主張するのである。

しかし人生の真実にもとづいて必要なものか、それとも、それとはじつは何の関係もなく、利益のために必要であると見せかけているだけなのか。人間が生きるためには、その「見せかけ」を解読することができなければならない。ところが現実には、それができないために多くの人びとが人生を見失って、しかも自分が人生を見失っていることに気づいたとしても、それを取り戻す道を見いだすことすらできなくなっている。これはゆゆしき事態である。ここで行われる存在論の試みは、その道を取り戻す試みである。

ところで存在論が、あらかじめこのように商業主義に対する宣戦布告をすると、この学問が何か特定の意図によってねじ曲げられていることを意味するのではないか、という疑いが生じるかもしれない。しかし、それはつぎの理由で誤解である。すなわち、なぜなら、営利企業が顧客サービスとして行っていることは、人間の本質や、人類の将来にわたる十分な研究がなされた上のことではない。このことは、だれもが知っている事実である。商業主義がもちだすのは、いつでも多数決である。哲学の分からない人、利益に敏感な人を自分たちの資本力で山ほど育てておいて、自分たちの味方が大勢いることを商業主義の人びとは誇る。かれらが見ている現実はそれだけである。わたしは、かれらの言う現実が現実のすべてであると見て満足することはできない。したがって、わたしは、人生にとって真実に「ある」と言うべき事柄については、哲学的な考察が必要であると判断するのである。

しかし、人間とは何かという問いの探求はどこから始めるべきだろうか。わたしはそれを第一部で論じておいた。結論から言えば、それは自然からであろう。なぜなら人間は疑いようもなく、自然の産物だからである。また、自然そのものの経験は、人間をだますことはない。太陽や海や山についての経験が、人間に対して、人生を見誤らせる原因になることはない。もともとそのような意図を自然がもつことはありえない。また、自然についての経験から、人間が人生の真実について何も学べないことがあったとしたら、それは人間の側に原因があると見るべきであって、自然の側にその責めを負わせるのは、まったくばかげているだろう。学ぶことによって変化し、成長できるのは、人間の特権なのである。したがって、学ぶための努力をすべきなのは、疑いもなく、人間なのである。

ところで、人間を生みだしたのは自然である。人間を養っているのも自然である。したがって、その自然が人間をだますことはありえないし、自然が根本的に人間の生を養っているのだから、人間の生の根本となるものをどこから学ぶことができるかと考えたとき、少なくともたいがいのことは自然からでしかありえないと見るのは、理屈が通った話であろう。天地自然はたしかに何も語らない。しかし、人間の歴史のなかで人類の教師と見なされた多くの賢人は、どこからその知恵を学んだかと言えば、おそらく、多くが、天地自然についての経験からなのである。中国の古典においても、本から学ぶことや、人間から学ぶことよりも、天地自然から学ぶことが、学びのなかでも最高の学びであると言われている。また、宗教的言語で、神から学ぶと言われることも、事実上、天地自然から学ぶことなのである。なぜなら神は天地自然と同様に、人間のことばで語ることはないからである。神のことばを伝えるものは、天地自然のことばを伝えるものと同様に、それに対して耳を傾けることができる人間（預言者と呼ばれる）なのである。つまりかれ（預言者）は、人間のことばではないことばを聞き取ることができることによって、他の人間と異なっている。しかし、かれはけっして、大した根拠もなしに得意になって人間のことばを、その特殊な言語によって不可解にしているのではない。

これに対して商業主義は「人間のため」を宣伝文句にしながら、そのじつ人間を商品中毒にする。商業主義者は、自分たちのもうけを投資して、さらにもうけることしか考えていないのであって、人間のためになることがどういうことか、まじめに考えてなどいない。なぜなら、本当に人間のためになることをしていては、けっしてもうからないからである。なぜなら、永続的に利益を得るためには、消費者に期待を懐かせながら商品を売りつけ、その商品が中途半端に期待に答えることで、消費者が中毒におちいることがもっとも確実な道だからである。中毒になれば、消費者はそれを生きていくうえで絶対に必要と思ってくれるのだから、宣伝しなくとも、高い値段で買ってくれる。こうして中毒患者をつくることによって経済活動においては利益が確実になるのである。社会が発展すればするほど（人間の社会的活動が活発になればなるほど）中毒患者は増えていき、苦労なしに利益をあげてゆける、ということである。たしかに中毒患者を中毒患者のままにしておくためには、つねに新しい商品の開発が必要であり、そういう部分では、商業主義者は苦労するが、それも欲に駆られてなのだから、その労苦は、商業主義者という人間のためにすらならないことは明らかである。

したがってわたしたちは、人間とは何か、ということについて、商業主義によってつくられがちな一般的な風潮にまかせておくことはできないのである。

さて、あらためて人間とは何かを問うことにしよう。

## 二　競争原理による進化説批判

これまでのところ科学は、人間もまた進化の過程のなかで生まれてきたと言明している。それはたしかなことだろう。ただし、その進化の過程がどのような原理によるのかについては、十分に明らかではない。よく知られている進化の説明原理は、「自然淘汰」による「適者生存」の原理である。しかし、この原理は種の進化をうまく説明してくれているのだろうか。なぜなら人間はおうおうにして自分たちの生活原理を自然な原理と見なそうとする、あるいは、自然から見て正当な原理であると考える傾向にあるからである。競争原理を社会原理として生きている人びとは、競争原理は自然が正当と見なしている普遍的原理であることを疑うことがない。そのために、進化もまた競争によってあると信じて疑わない。

ところで、「自然淘汰」と「適者生存」は、「競争原理」の言い換えに過ぎない。たしかに、「自然が」淘汰すると言うことによって、淘汰圧をかけているものがあいまいになり、いかにも間違いはないように思えるが、このあいまいさは、むしろ説明力の未熟さをあらわすと見るほかない。「自然淘汰」と「適者生存」の原理は、自然にもっとも適応した個体ないし種が生き残ることによって種の進化が起こる、ということである。しかし、種の進化が起こる、そのとき、その場所での「自然」とは何か、ということを考えなければならない。たとえば、まず、人間が行っていることも「自然」なのだろうか。もしもそれを「自然」から排除するなら、現在の状態で生き残っている種が「適者」である保証はない。なぜなら、人類の行為影響は全地球に及んでいるからである。しかも、何より「人類」が「適者」であると言うことができない。人類の行為影響は、人類が生存しているところでもっとも活発だからである。しかし現在地球に生存している種が「適者」であるかどうか見分けがつかないとしたら、厳密には、種の進化を論じることなど、おそらく不可能だろう。なぜなら観察対象が化石のなかにしか見つからないことになるからである。

この話は過度に厳密さを求めていることは事実である。しかし、人類の行う行為は非自然的性質をもっている。半歩ゆずって、その影響が及ばない範囲で観察例を集めて考察することは可能である。しかしそれでも、種の進化が起こるそのときの「自然」は、その種の進化が実現することによって変化することは疑いようもない。なぜなら種の誕生はあらたな自然状態の創出を引き起こすからである。これは、ある地域に、その地域になかった種が入る場合を観察すれば、容易に判断することができる。では、適者の規準となる、あるいは、その種が適者であるかどうかを振り分けることになる「自然」とは、いつの自然であろうか。種の誕生の直前か、あるいは、いったん誕生した種が繁殖を繰り返すなかで、つまり誕生後のいくらかの時間経過のなかで、適者であるかどうかが決まるのだろうか。

おそらく穏当な答えは、その両方だということだろう。したがって、この両者を検討しなければならない。

直前の場合、ふたつの状況を仮定しなければならない。ひとつは、そのときの生態系が、あらたな種の誕生を期待している状況なのか、それとも、期待はなく、そのときの生態系を構成する各種の生物は、お互いに自分たちこそ優占種となるべく、日々戦っている、と見るべきなのか。前者の場合には、期待通りの種が誕生すれば、その種が適者となることは疑いようもない。したがって問題はない。問題は、後者である。

後者の場合、新しく誕生する種は、かならず既存の種の攻撃にさらされる。新種の個体は数が限られるので、一般的に見れば、かなり劣勢の状況で戦う必要が生まれる。しかし、こういう状況で種が進化したなら、新種となったものは、既存種に対して、かなり強い種であることになる。新種となったものは、おそらく例外なく爆発的に増えて、既存種を絶滅に追い込むパターンが一般的になるだろう。はたして、これは事実だろうか。少なくとも、つねにそうなるとすれば、既存種は、新種の登場によって、むしろ数を大幅に減らして絶滅種が多数生じ、種の進化によって、生態系は多様性が少なくなる可能性のほうが高くなってしまうだろう。

したがって、後者のような場合があるとしても、むしろそれは例外的な場合であろう。

種の誕生後、しばらくしたあとでの振り分けを考える場合、つまり、新種自身がすでに自然環境の状況を変化させたあとになって、自然による適者の選択が起こる場合、問題はその間の猶予は、自然のなかでどのような仕組みでありうるのかという問題である。猶予の仕組みがなければ、今しがた論じた直前の場合と同じことになる。なぜなら、新種は個体数が既存種より絶対的に少ない状態をはじめは経験せざるをえないからである。とはいえ、ここは百歩譲って、理解はできなくとも、何らかの猶予があるとしよう。つまり競争は、新種が自分の態勢を十分に整えたあとになってから起こる、とすると、少なくとも新種が負けなければ、種の進化が確実になる。しかし、この場合、繰り返しになるが、その猶予が何か、である。考えられる唯一の解決策は、その新種が、やはりある程度まで、直前の生態系のなかで、出現を期待されていた、ということである。期待されていた種という意味は、その種が食料を得られる状況が生まれていた、ということである。そうであれば、用意された食料が食べ尽くされるまで、種は、特に競争にさらされることもないからである。

ところで「自然淘汰」と「適者生存」という競争原理を、種の進化の説明原理とすることを承認するとしても、その原理がはたらいて進化が確定するとき、種の多様性が同時に保障されなければならない。なぜなら、事実がそのように告げているからである。進化が起こるたびに、新種の暴力によって既存種が絶滅に追い込まれるなら、種は多様性を減らしていって、ついに生命はただの一種しか存在しない、ということになっているだろう。事実は逆である。それゆえ、種の進化は種の多様性を保障するものでなければならない。そのためには、その競争が始まる前に、生態系のなかに新種を養う余裕が生まれていなければならない。しかしその余裕は、競争原理で説明することはできない。

じっさい種の進化がもしも競争で貫かれているのなら、地球上に存在する生命はただ一種になるほかないだろう。何しろ競争は優秀な一者を選び出すはずだからである。ほかの種はすべて敗退して滅びるほかはない。もしも種の競争に負けても種は生き残ると言うのなら、種の進化が競争によるという意味はなんだろうか。生き残った種がすべて競争に勝ったのではないとなると、勝ち負けはどのように進化と関係するのだろうか。なぜなら、勝った種も、負けた種も生き残るのなら、どちらがより進化したものか、判断できないだろう。

あるいはまた、種の進化において、競争が成り立つのは特定の種の間だけのことで、それを超えてまで競争は成り立たないので、競争による勝ち負けと、それに応じた種の生き残りは、種のなかでごく一部にとどまる、と言うのだろうか。もしもそうであるなら、種の進化において競争原理のはたらく範囲はかなり限定されたものになる。少なくとも人類が記録したか、あるいは現在生き残っている種については、それらの間にいかなる意味でも競争が存在するのではなく、共生が存在するだけである、と言わなければならないだろう。競争が生ずるとすれば、互いに種の間で競合があって、どちらかが生き残るような戦いが現に存在しているのでなければならない。しかし現時点で、そのことが明らかな種を見いだすことはできそうにない。なぜならそのためには、生態的研究が詳細に行われなければならないからである。特定のある場面で、ある種の個体と別種の個体が何かを奪い合っているのを見かけたとしても、それだけで種の間で競合があるとは断言できない。

　他方、それと比べれば、人間という同一種のなかでは、生き残りをかけた戦いが、無数に見いだされる。しかし同一種の間での競合は、種の間での競合ではないので、それが適合種を進化させることは、明確ではない。たとえば、西洋のある一国が世界を制覇して、他の民族をすべて抹殺したところで、種が進化するとは思えない。むしろ遺伝的多様性が失われ、適合性を劣化させて、人類そのものが滅亡する危険が高まるだけだろう。同一種内の競争は繁殖行動において顕著となることは、常識である。しかし繁殖行動という限定された行動における優劣が、特定の遺伝子を増加させ、それによって種の進化が起こるということは、明確なのだろうか。

　繁殖期以外における適合性も、やはり種の維持にとっては重要になってくるはずであって、繁殖しても、つぎの繁殖期まで生き残る確率が低いなら、やはりその個体の遺伝子が種のうちで増加する確率は低くなる。むしろ種の維持にとっては、厳しい環境においてもしぶとく生き残る個体を多く残すほうが、繁殖率を増加させることより重要になることが多いのではないだろうか。生き残って、環境が良くなったとき、一挙に数を増やすことと、ある繁殖期に数を増やしながら、環境のきびしさによって生き残る数を少なくしている遺伝子と、どちらが最終的に生き残る遺伝子か、と言えば、やはりしぶといもののほうではないだろうか。

もしもそうだとすれば、同一種内の個体間の競争は、繁殖期に顕著なだけであるから、生き残りの遺伝子にどれほど影響するか、あやしいのである。むしろ環境条件の悪化のなかで生き残ることができる資質をもつ遺伝子が、種のなかでは生き残りやすいだろう。そしてそれが生き残って種を形成するとすれば、それはしぶとく生き残るのだから、種を進化させる変化に富むよりも、種を変わらずに維持する力を保持することになるだろう。またあるとき、よりしぶとく生き残ることができる個体が生まれ、それが多くの個体を残していくことができることによって、その種が変化し、進化が成立することは考えられることである。しかしながら、この変化は種の進化にとって典型的なものとは考えにくい。なぜなら、この方法だと、種の数が増加することは理解できなくなるからである。すなわち、種内の個体による種の変化は、同じ種がより生き残りやすいように変化するだけであって、種の進化によって種の数が増加していく（多様性が増していく）ことではないからである。

このように考えてみると、進化を生み出す力は、競争によっても、環境適応によっても、十分には説明できないように思われる。では、種を進化させる原理はどこにあるのだろうか。少なくとも重要なヒントがあるとすれば、地球上の生物種は、進化を通じて多様化している、という事実にあるだろう。すでに述べたように、これは競争によるものではありえない。競争によって進化があるのなら、進化によって起こることは、多様化ではなく、逆に種の減少であるはずだからである。なぜなら、競争は勝ち負けであり、生物の勝ち負けは、生き残るか滅びるか、だからである。勝ったものだけが生き残り、負けたものは滅びるはずである。勝ったものは、つぎつぎに競争を挑まなければ進化がつづかないはずであるから、同じことが引き続いて起こる。こうして種の数は減少の一途をたどることとなる。しかしこれでは多様化という事実が説明できない。

他方、進化が既存の環境に対する適応によるとも思えない。なぜなら、もしもそうであるなら、いったん環境に適応して生まれた種は、その後に環境がいくらか変わっても、個体のレベルであらたな環境に適応して、種としてはしぶとく変わらないまま保持されるだけだろうからである。適応が追いつかなければ絶滅するだけである。つまり進化は一回かぎりで終わるはずである。あるいは、第二の環境条件に適応して進化があったとしても、生き残るのは新種のみであって、最初の環境条件に適応した既存種は絶滅してしまうだろう。したがって、環境適応の原理によっては、進化が引き続いて生じて多様化が増していく事実が説明できない。

したがって競争原理も適応原理も、種の多様化を生み出す「種の進化」という実際の現象を説明できていない。ではどのような原理によって種の進化は説明できるのだろうか。しかし、それについては、わたしたちのもつ語彙は徹底的に不足しているのではないか。この疑いはもっともであって、もともとわたしたちのもつ語彙は文明生活のためにある。ところで、わたしたちの生活は、その結果を観察してみると、地球上の生物種の多くを絶滅に追い込んでいることは明白な事実である。したがって、わたしたちの生活原理は、種の絶滅を導くものであると言うことができる。したがって、その生活原理に応じてある、わたしたちが通常使っている語彙も、種の絶滅はよく表現できる。したがって、わたしたちがもつ語彙が絶滅とは反対の「種の進化」を説明することができそうにないことは、なんら不思議ではない。

じっさい競争は勝ち残るものをたった一つにしていくものである。それゆえ、種の絶滅は競争原理によって見事に説明できる。しかし、そのことは、勝ち残るものが進化したことを説明するものではない。なぜなら、競争があっただけであって、進化や退化があったのではないからである。競争があって、勝つときに種の進化が起こり、負けるときに種の退化が起こる、というのは夢物語だろう。生命がかかった競争においては、勝つときに、勝ったものが生き残り、負けたものが消滅するだけである。つまり種が生き残るか、消滅するかであって、それ以外のことは起こらない。したがって競争原理によって、生き残りと絶滅は説明されるが、進化も退化も説明されないのである。

## 三　進化の事実に見いだされる生命の本質

わたしたちの語彙にある「環境への適応」という語彙も、種の進化を説明するとは思われない。そのことばは、勝ち残ったものが、自分の地位や自分の生活を守るための工夫がどのように勝ち残るうえで有利であるかを説明するが、自分自身を変えることまではよく説明しない。ここで自分自身を変える、という意味がどれほど根元的か、ということが問題になるが、種の進化が意味するものは、枝葉末節に属する変化ではない。したがって種の進化を説明するためには、自分自身を根元的に変えることを、説明できる語彙が必要になる。種が進化するとは、その種が根元的に変化することだからである。

あえて人間世界がもっていることばを探せば、人格の根本的変化を意味するかぎりで、「悟り」ということばが、もっとも似つかわしいかもしれない。とはいえ、種の進化が、種が「悟る」ことで起こるという説明は、おそらく誰も理解しないことばになるだろう。しかしながら、自分たちの技術を誇り、現在の文明を自慢げに語る語彙しかもたないわたしたちに、ほかに適当なことばを見つけることができるのだろうか。

とはいえ、そこに近づくために、最善のことばを見つける努力はしなければならない。そうしなければ、わたしたちの当面の課題に対処することはできないからである。わたしたちは今、人間とは何か、という課題をもっている。しかもそれを十分に客観的に見定めなければならない。そのためには、その誕生の秘密を明らかにする必要がある。つまり人類は進化の過程で生まれてきたのであるから、そもそも種の進化というものは何であるか、ということを知る必要がある。なぜなら、それは、人間の本質を見いだす手がかりになることは疑いようがないからである。

アリストテレスは、人間は理性的動物であると、その本質を定義した。しかし、この定義は自分たちが根元的変化（種の進化）によって生まれたことを知らないままの説明であり、本当の意味での説明になっていない。自分たちの生活のなかで、それが永遠的なものであると前提したうえで、自分たちが他の動物と根元的に違うことを説明しているだけである。しかし自分たちにだけ通じることばで、自分たちを定義することは、はたして客観的説明になるだろうか。わたしたちがしなければならないのは、自分たち人間がまだ存在しないことを前提として、そこから人間がいかなる条件で誕生したかを見定めることであり、そのとき必要となったことばこそ、人間の本質を客観的に説明すると考えることである。なぜなら、人間を、人間を前提しないで説明できたとき、はじめて人間の本質を説明することばが真実に成り立つからである。言い換えれば、まだ人類が誕生していない地球生態系を前提にして、つまりそれを使用できるぎりぎりの語彙として用いることによって、人類誕生の理由を説明できたとき、そのときはじめて、人類を定義する真の説明が成り立つ、ということである。

さて、人類の誕生以前にも種の進化はあったし、人類が誕生することは、まさに進化なのであるから、種の進化について、やはり、わたしたちは知らなければならないのである。そのためには、知られる限りでの地球上の生命の歴史をひもといてみなければならない。言うまでもなく、それは数十億年の歴史をもつものであるから、わたしたちの知識もまことにわずかなものである。とはいえ種の進化は、そのどの時代にもあったものであると信じられるから、すべての歴史をのぞく必要はない。典型的と見られる時代を見ておけば十分なはずである。

まずおよそ三八億年まえに生命の誕生があったと見られている。その生命は、自己複製する特殊な化学構造体として誕生した。つまり比較的一様な空間や物体を伝わるエネルギーを利用するのではなく、化学物質を特殊に構造化して、エネルギーをつくり、貯蔵し、消費する構造体が生まれたのである。ところで、どれほど個々の化学反応が普遍的で必然的であろうと、化学反応は、特定の化学物質の間でしか起こらない。しかもそれが実際に出合わなければ起こらない。この事実は、その反応を大局的には偶然的で特殊なものにする。つまり化学反応は宇宙のすみずみで起こっているが、特定の化学反応は、温度条件、化学物質と化学物質の距離、等々によって別々であるからである。

そして宇宙は、大局的には、第一に空間であり、つぎに物体なのである。したがって、空間を伝わるエネルギーや物体による変化には普遍的で必然的な法則がある。しかし、化学反応はそうではない。なぜなら、化学物質はたいてい偶然的な接触によって反応するからである。それゆえ、個々の化学反応に必然性があっても、それは宇宙大から見れば、特異な、偶然的事実と見られる。なぜなら、たとえば水素と酸素が反応するにしても、それらがどこかで出合うことがなければ、反応は起こらないからである。それゆえ、化学反応は、それが特異であれば特異であるほど、ある一定の範囲を超えてエネルギーが伝わるスピードを確実に弱める。これは、生命が熱力学の法則に従順ではない、と見られていることである。つまり生命はエントロピーの増大にいささか抵抗する。他方、普遍性や必然性は、数学的なものであり、同時性において空間的に考えられる概念であるために、化学反応が引き起こす特殊な時間の差異（ずれ）を、埒外の事実としてしか受け止めることはできない。それゆえ、化学構造体としてはたらく生命体は、偶然を宇宙に出現させたのである。すなわち、この構造体によって、生命は、特殊で偶然的なはたらきを「活かす」

道を宇宙のなかに生みだした。言い換えると、偶然的で特殊な変化を自己増殖という手段で宇宙の一角において普遍化し、偶然にできたものを一過性のものとせずに、一定の時間の間、不変化する道を開いたと言うことができる。

さらに、最初の生命の形がどのようなものであったにせよ、地球上の生命が、もともとあった栄養素を使い尽くして滅び去る前に、永続的に得られる太陽光のエネルギーを使って栄養分をつくりだす工夫を成し遂げたことが、固有の意味で、地球上の生命の歴史を作りだした、と言うことができるだろう。三五億年ほど前のことである。生命がその工夫を成し遂げて生まれた種は、らん藻、ないし、シアノバクテリアと呼ばれている。藻類に分類するか、バクテリアに分類するかで見解が分かれるほど、それは境界に位置する生物だった。それは水と二酸化炭素と太陽光から、酸素と糖類をつくりだす葉緑素をもつ。また窒素を固定する能力までもっている。このような組織をつくりだしたことによって、生命は短期間での滅亡を逃れ、地球上でその後も進化をつづけることができたのである。

葉緑素は、その化学構造は明らかにされているが、あまりにも複雑で人工的に合成することができない。それほど特異なものである。しかし、今ここでその構造について論じることは、わたしたちの課題ではない。むしろわたしたちは、わたしたちの語彙に還元することで、ことの本質を理解しなければならない。つまり、最初の生命は、地球という天体が偶然にもつことになったガス（大気）やその他、水のなかに溶けていた栄養分を使って増殖していただけであった。これは、ちょうど人間が、すでに自然界が用意していた食べ物を食べ、水を飲んで、現在に至って地球上にあふれんばかりに増殖している状況と同じである。鉱工業生産、その他についても、同じことが言える。人間は、現在のような暮らしを続けるなら、いずれ用意されたものが尽きるとき、滅びる以外にはない。かつて生命も同じであった。過去の地球でも同じ危機が迫ったのである。そのとき生命は、おそらく忍耐強い研究を重ねて葉緑素をつくりだし、ついに地球外のエネルギーを取り込むことに成功したのである。これによって生命は、もともと地球がもっていた栄養分に頼らなくても生きることができるようになった。

生命が研究を重ねるというのは、擬人的な表現であるが、しかし、ことの本質はそういうことである。生命が利用できる栄養分を生命自らが作り出さなければならない、という課題がそのときにあった。そのためには、それまで利用されていなかった何らかのエネルギーを用いるか、何らかの栄養分を用いるほかない。今までに利用されていなかった栄養分を利用する道は、いずれまた行き止まりになる道である。それゆえ、結局は、地球外から来るエネルギーを利用する道を探らなければならなかったのである。これは、結果的に言えることではあるけれども、いずれにしろ、さまざまな試みがなされ、ついに成功したのである。この事実は、人間の間で、技術者が問題を解決するときに積み重ねる研究と、同じ語彙で語ることがゆるされるものであろう。

たしかに、生命が自らの存続をもとめるのはなぜか、という疑問に対しては答えがない。生命は、もともとは無かったのであるから、無くなる運命はつねにもっており、葉緑素ができずに滅びることになったとしても、だれかが困るわけではない。なにゆえに、当時、生命存続の道が開けたのか、という問いは、したがって、人間がなにゆえに生存をつづけることを求めるのか、という問いと同じである。おそらく人間の存続欲求は、人間にとっては当然と見られるが、人間にとってしか当然でない欲求かもしれない。とはいえ、一般に、わたしたちは、他の種も、それが生物であるかぎり存続欲求をもっていると見なしている。同一の形で存続することを、何らかの仕方で実現しようと努力しているのが生物の一般的性質（本質）であると、わたしたちは見ているのである。

このような見方が、どれだけ客観的であるかどうかを論じようとするとき、問題は客観性の意味だろう。今日の科学の発達が、物理的、工学的なものによるために、科学的であるためには目的論的説明を排除しなければならないと考えることがしばしばとなっている。しかし人間の行動を説明するとき、その行動の目的に触れずに工学的説明のみに徹したとき、わたしたちは何を理解することができるだろう。少なくとも、人間の行動を理解することができたとは言えないだろう。行動のようすを縷々説明されて、「どうして」そういう行動をとっているのか、という問いが生まれてくるのを押さえることはできないし、その説明がなければ、人間の行動を理解できたとは言えないと考える。

なぜなら人間は、目的をもった行動をするからである。たとえ意識していなくても、行動には何らかの目的がある。そのために、人間はまわりの状況を認識し、予測をもつのである。わたしたちは、人間は目的を意識としてもち、他の動物は、目的意識をもつことは一般にないと考えている。しかし、目的を意識しているかどうかは、二次的であって、目的をもつ行動・活動があるかどうかが、それが生きているものであるかどうかの決定的な違いであると考えるべきである。そしてこのことには十分な客観性がある。なぜなら、このことには異論がありそうにないからである。そして一般に、生物がもつ目的のなかで、もっとも大きな目的は存続である、ということでも、無意識的な一致がある。

この常識は人間が世界を理解するときに基底としてもつものである。否定する理由もない。したがって、むしろ目的をもつことが生物の本質であり、それを考慮することなしには生命的世界を理解することはできない、と言うべきである。それゆえ、これまでの論究を通じて、生命は存続のためにその方法をさがし、ついに葉緑素を発明した、と言うことを、真理を示す命題として提出しよう。つまり、生命は、自分たちが生き残るための方策を、あらたに開発する機能をもっているし、その努力を怠らないものだ、ということである。これは生命の本質の一つである。

さらに、この革命的進化によって酸素がばらまかれることになったが、それが起きた後も、それまで存在していた生命種は酸素の出現によってかならずしも絶滅したわけではなく、自分たちが生きられる環境を見いだして、生き続けてきているという事実がある。すなわち、周りに酸素がない状態で生きていた生命種は、周りに酸素がない場所を見いだして、そこで生き残ってきたのである。したがって生命は、進化によって、それまで存在していた生命種を絶滅に追い込むはたらきを進化の本質としてもつことはない、ということを、第二に、生命の本質として付け加えることができる。

第三に、水分解型の光合成を行う生命種は、それまで利用できなかった領域を利用できるようになったのだから、勢いよく増殖したと想像していいだろう。かれらは光合成から発生した栄養分を自家消費するが、発生する栄養分は、自家消費分より多く、余剰が発生する。余剰の発生は、自己増殖機能を円滑にはたらかせるためには必要と思われるが、発生した余剰分は、自己増殖分を考えても、さらに余剰があり、それは環境に貯えられることになる。そしてこの余剰分が、あらたな種の存続を可能にし、進化を可能にしてきたのである。なぜなら、進化が可能であるためには、生命が研究を重ねるだけではむずかしいのであって、そこに進化した種を維持するだけの栄養分が残っていることで、進化は容易になるからである。そうでなければ、さらに栄養分を自己生産できる種しか進化することはできなかっただろう。事実、酸素が増えると、今度はその酸素を利用する種が進化したのである。さらにその新種は、細胞内に遺伝子を格納する核をもつ種類を進化させ、こうして動物の祖先である真核細胞が誕生した。

水分解型の光合成をおこなう種のあとに、光合成から生じる酸素を利用する種が発生した、ということは、進化において注目すべきもう一つの事実である。なぜなら、進化した種が、さらにつぎに来る種を維持するだけの栄養分を生産して環境中に貯えていたことを意味するからである。このような事実は、生命の本質を構成する進化において、広く現れる現象である。したがって、やはり生命の本質に数えられるべきことがらであるだろう。すなわち生命は、自家消費以上の余剰分を生みだして環境を改変するという性質をもっている、ということである。そしてこの環境改変が、さらにあらたな種の進化を実現するのであるから、生命は、進化によって、その次の進化を可能にするはたらきを持っていると言うことができる。

第四に、葉緑素誕生後の進化の過程のなかで、共生による進化があったと推測されている。というのも、実験が明らかにしているところでは、葉緑素は単独で増殖機能をもっていて、その増殖条件が、葉緑素が入っている藻の細胞質の増殖条件といささか異なっているのである。つまり葉緑素は、それを含んでいる植物細胞とは別の生き物であった可能性が高く、あるとき、別の細胞質に入り込み、一体化したと考えられるのである。じっさい植物細胞と動物細胞を比較したとき、植物細胞にあって動物細胞にないものがいくつか数え上げられるが、逆に、植物細胞になくて動物細胞にあるものは、基本的にはないからである。この事実は、細胞壁をもち、葉緑素をもつ植物細胞は、動物細胞に、あらたに葉緑素と細胞壁が加わったもの、というふうに理解することができることを意味している。植物細胞にはこの二つ以外に、一般に液胞という、一時的に老廃物や欠乏しては困る水分を貯める器官をもっている。それが細胞内に大きく張り出しているために、動物細胞と植物細胞が一見したところでは大きく違っているように見えるのであるが、一つ一つその要素を取り出してみると、その違いは数えるほどであり、しかも、すでに述べたように、その違いは動物細胞にないものが植物細胞にはある、というかたちでしかない、ということである。

したがって常識的に想像するのなら、植物細胞は動物細胞に葉緑素が加わることを通じて進化した細胞である、と考えられる。またひるがえって動物細胞のほうも、酸素を嫌う性質をもった古い細菌に、酸素を利用するあたらしい種（ミトコンドリア型バクテリア）が入り込んだことによって生まれたと見られている。このように、あたらしい工夫で生きていく方策を開発する生命の本質は、かならずしもいつも、まったくあたらしい種を開発するのではなく、既存の種を組み合わせて、あたらしい種を発生させる機能ももっているのである。すなわち、第四に、生命は、お互いに共生する道を見つけだして進化する性質をもっている、と言うことができる。これも生命の本質なのである。

## 四　共生による進化

種の進化の当初に見られるこれらの性質は、生物がもっている基本的な性質であり、その本質と見なすことができるだろう。

しかし種の進化とともに、もう一つ、生命が「維持されてきた」ことに注目しなければならない。すでに触れたように、種が進化するためには、進化した種が生きていくための環境、とくに食べる物（エネルギーにするためと、自分の組織を形成するために、摂取するもの）が用意されていなければならない。動物で言えば、自分の器官で摂取できる必要な栄養分や、その栄養分をエネルギーに変えるための気体や水がなければならない。植物で言えば、太陽の光と、二酸化炭素と水が用意されていなければならない。適度な温度も問題になる。個々の種を取り上げれば、さらに多くの条件を生物種は必要としている。これらの条件は、進化した種が用意しているのではなく、当然のことであるが、その種が進化する直前に、別の種によってあらかじめ用意されていなければならない。

このことは、進化した種は、自己の増殖・維持のみを行っているという命題を否定する。生物種は、自己の増殖のみのために活動しているのではなく、別の種の増殖に資するはたらきもしているのである。したがって近年発表された利己的遺伝子の説は、種の維持は説明できても、あるいは、他を絶滅に追い込む競争は説明できても、種の進化を説明することはできそうにない。種は、自己の増殖・維持のみではなく、つぎに現れてくる種の生きる環境を、意図的か否かは別であるが、つくりだしているのである。それはまた、動物細胞や植物細胞が進化するときに現れたと推測できる共生的進化ともつながる。つまり、種は、「共生」による進化を行い、また、自分の種だけではなく、「他の種が生き残る環境をつくりだす」はたらきを、本質的にもつ、ということである。後者のはたらきは、大きな環境全体を「共生」の視点でつくりだそうとしていると言うこともできる。つまり細胞レベルの一体化をもつ「共生的進化」の形態は、生物がもつ「他の種が生き残る環境をつくりだす」もう一つのはたらきと、本質においてつながっていて、自分が生きている周囲の環境を、自己維持や自己増殖のためだけに整えるのではなく、「多種の共生」を成り立たせることができるように整えている。そしてそれは言うまでもなく、多種の生物種が相互に関わり合って存続している「生態系」をつくっている共生の作用である。

環境全体まで含んだこの「共生的傾向」は、進化による種の多様化を説明するうえで、見過ごせない進化の本質である。競争ないし競合ではなく、共生的傾向が進化を説明するという認識は、進化を論じる学会においても昨今では基本認識として受け入れられるようになってきている。しかしそれが生物研究者の間でしか語られることが少ないのは、このことについて十分な哲学的考察が行われていないためである。なぜかと言えば、一般の理解においては、弱肉強食のほうが「現実的である」という印象が強いために、弱肉強食による説明のほうが現実的で、科学的であるという印象になるからである。

これはなぜかと言えば、人間は自分が生きている環境（文明生活）を現実のすべてと思いこむ傾向があるからである。すなわち、人間は、自分たちが生きている環境が競争社会であると、生物全体の置かれている環境も、競争的環境であると思いこむのである。こうして競争社会の現状が絶対視される。しかし実際には、競争社会は人間がつくりだしているものであって、あくまでも「市場原理」という西欧の文化の産物に過ぎないのである。

西欧的つまり資本主義的市場においては、産物がその質と分量と値段において比較され、消費の対象として「競争状態」に置かれる。本来は、競争状態に置かれたのは、物品のみであるとしても、物品の競争は、それに関わる人間の競争でもある。こうして市場に関わる人間はすべて競争状態に置かれる。市場は自然から、あるいは、他の社会から収奪したものを分配する機関であるが、いわば社会のエネルギー獲得機関でもあるので、市場の発達が社会の発展になっていったのである。こうして時代を経て市場は拡大をつづけ、ほとんどすべての人間社会を丸飲みするようになった。それゆえ現代人のほとんどは、競争状態に置かれている。そしてそのために、人々は競争状態が人間ひいては生物の運命的状態なのだと思いこむことになったのである。

しかも、市場ではさまざまなものが扱われ、新奇な物が人目を引いて現れるので、競争が新種を出現させるという考えが十分な考察もなしに当然のごとく受け入れられることになった。しかし、すでに述べたように、市場で新奇な物が競争で比較的有利になる、ということを、生物の世界で新種が置かれる状態と同じだと考えることには無理がある。たしかに、市場において新奇な物が人目を引いて有利になるのは、それを受け入れるだけの余裕が消費者にあるからであって、もしも既存のもの以外に消費者が買う余裕がないのなら、新奇な物は市場に入ることはできない。その意味では、市場原理でも、ある種の競争を排除する原理がいくらかは、はたらいていると見ることができる。しかし市場では、一般に消費者はただ新奇であると言うだけでそれを買い求め、以前に買い求めていたものを古いものと見て買わなくなる、ということが起きる。新奇であるものは、人目を引くという宣伝力によって市場の競争に有利になるからである。したがって、大方は、市場では、新奇な物が新奇であることによって人目を引き、競争において有利になることで、新しいものが競争によって生まれてくる、ということが起きている。それゆえ、市場における物品の多様化は、市場の競争による産物と見なす理解が大勢を占めてきたし、市場は今や人間が生きている世界の大半を占めているために、自然を含めて世界全体がまるで市場のように、競争にあけくれていると人々は思いがちなのである。しかしわたしたちは、わたしたちがもちがちなこのような偏見から自由になる必要がある。それゆえ、新しい見方で生物の進化を考え、人間を考え直す必要があるのである。

ところで、共生的傾向を見るうえでもっとも基本となるのが植物のはたらきである。なぜなら、植物がもつ葉緑素のはたらきこそ、地球上の進化を永続化させているからである。じっさい葉緑素が太陽光のエネルギーを他の種が利用できるかたち、つまり栄養分に変えることによって、生物の環境、言い換えれば、生態系が成り立っていると言うことができる。たしかに最終的な分解者であり、植物がアミノ酸を構成するときに使う分子を合成するバクテリアも基盤的位置にいるが、それも、分解する物がなくなれば、また光合成のはたらきがなくなれば、消滅の運命にある。したがって太陽光（地球外エネルギー）の摂取に成功した葉緑素のはたらきは、もっとも本質的な意味で、地球生態系の基盤にあって、すべての進化を可能にしているのである。それゆえ、その葉緑素をもっとも進化したかたちで維持している植物こそ、生物の共生的傾向をもっとも顕著に示している。

ところで、生物の共生的傾向とは、「他の種が生き延びる環境をつくりだすはたらき」である。そしてこのはたらきが、すでに述べたように、進化を決定する要因となる。恐竜の誕生と絶滅の歴史は、この観点から推測することができる。なぜなら恐竜の誕生は、植物が地上に進出し、巨大化した時代にともなうからである。酸素が大気に満ち、上空にオゾン層ができあがると、地上に生命が進出した。しかし当初の地上性の植物は、シダ類であって、湿地にしか進出できなかった。したがって動物もまた、湿地に適合した両生類やは虫類の系統でしか進化が進まなかったと考えられる。そのシダ類が、茎を太らせる能力を得たことから、地上に森林が誕生した。この時代には、植物の分解者が地上に十分に存在しなかったために、この時代の植物の多くが化石化して、今日の石炭や石油となったと考えられている。

つぎに植物は、種子をつくって、乾燥に耐えることができるようになった。裸子植物の誕生である。この裸子植物の誕生によって、それまで湿地に限られていた森林が、湿地以外にも進出し、地上の大半を覆うようになった。するとその葉緑素は太陽光のエネルギーを受け止めて、生物を養う莫大なエネルギーを蓄積し始めた。ところで、その頃、まだ高い枝に登る樹上性の動物や、空を飛んで枝に止まることができる種が存在しなかったことが恐竜の進化を実現することになったと考えられる。

つまり、湿地にのみ繁茂した巨大シダ類の時代は、まだ植物は不必要な葉を落として、地上でそれを分解できる者に栄養分を渡していた。地上でバクテリアが栄養分を分解し、分解された栄養分を摂取する動物がいて、さらにその動物を食べるは虫類、ほ乳類、両生類が存在した。しかし、しだいに動物のほうも植物を直接に摂取して消化する能力を手に入れ始めた（消化器官のなかに植物の繊維を分解するバクテリアを住まわせた）ので、植物は、地上での分解よりも、動物に枝先まで来てもらい、枝先で伸び過ぎた葉を食べてもらうことに戦術を転換したのだと思われる。このことは、おそらく地上での分解に頼ると、そこで増えた動物のなかには食いつく相手を間違えて、植物の根をかじってしまう事故が起きやすくなったからであると思われる。こうなると、その頃シダ植物との関係でもっとも進化する能力をもっていたは虫類がその望みに応えて、体を巨大化して、樹木の葉を上から食べる道を実現したと考えられる。

いずれにしろ恐竜の誕生はいくつかの要因によって実現した。第一に、シダ植物が最初に地上に進出した関係で、同じく湿地に棲息するは虫類が地上でもっとも進化する能力をもっていたこと、第二に、当時は二酸化炭素の濃度が高く、地球上のどこも高温で、変温動物のは虫類がもっとも効率的な動物であったと考えられること、第三に、種子植物（当初は裸子）が地上の全体を覆って太陽光のエネルギーをふんだんに生物に提供するようになったこと、第三に、は虫類が植物を消化する能力を、消化器官内でのバクテリアとの共生で実現したこと、第四に、植物は、葉を落として地上の分解者に渡すよりも、可能な限り葉を出すことに専念して、それを樹上で動物に食べさせるかたちで剪定してもらい、地上での分解を減らすほうが、自分たちの生長には得策と考えられたこと、である。

こうして恐竜の時代が実現した。すなわち、恐竜は巨大植物と肩を並べ、その葉を、樹上で菜食し、消化器官を通じて分解して地上に渡すようになったのである。

しかしその後、樹上性の動物が現れ、それらのほうが、巨大な恐竜の剪定よりも植物には都合がよいことが明らかになり、恐竜が絶滅の道をたどることになった。すなわち、樹上性の動物のほうが小さいだけに菜食も少量ずつであり、恐竜のように大ざっぱではないからである。恐竜がたどった道は、直接には競争による絶滅である。すなわち、一般に大量の食物を必要とする生き物よりも、少量で足る生き物のほうが、食物の取り合いでは、有利となる。なぜなら、生き残る確率が高くなるからである。樹木によじ登って葉を食べる種（サルやリス、あるいはネズミ）は、樹木の横に立って葉を食べる強大な体躯をもった恐竜よりも、はるかに体が小さく、そのため、生き残るために必要とする食料もはるかに少なくて済む。そのため、食料事情が悪くなれば、たんに恐竜は生存不能となって、競争に負けてゆき、替わりに、樹上性の小さな植物食である昆虫や、あるいは、当初はネズミのようでしかなかったほ乳類が、進化発展することになったのである。

植物も進化が進むと、より繊細な剪定を必要とするようになり、恐竜のような大ざっぱな剪定はかえって迷惑になったのであろう。植物にとって見れば、恐竜がいなくなったほうがよいとなれば、かれらに提供する食料を減らせば済むことだったので、おそらく、むずかしいことは何もなかった。なぜなら植物自体が退潮して減少すれば、体の小さな種は生き残るが、恐竜は絶滅することが目に見えているからである。こうして、ほかにも多くの犠牲が出たが、植物は恐竜を地上から追い払い、その後、自分たちの発展に都合のいい生物種を進化発展させる道を切り開いたと見られる。すなわち、鳥類、昆虫類、ほ乳類の進化発展である。鳥は空から、昆虫は空と地上から、ほ乳類は地上から、それぞれの特性によって樹木の葉を樹上で剪定し、残りを地上の分解者に渡す、という役割をになってきたのである。

現代では、花と昆虫の共生的進化が研究されているが、このような研究が進展するのは、ただ人間が花に関心を寄せているから、という主観的要因によるのである。実際には、植物は、花だけでなく、葉によっても、昆虫や動物を引き寄せているのであって、花だけを見るのは片寄った見方である。じっさい一般に常緑樹は、春が来る前に枝を引っ張ると、細い枝（つまり生長が一年程度の枝）はきわめて容易に折れてしまう。これは、樹上で動物に活動してもらい、春（あるいは、初夏の光）が来る前に、幾分かの葉を地上に落とすことを期待していることなのだと考えられる。つまり、樹上で動物に葉を食べさせるよりも、土壌に栄養分を与え、地上での分解によって、効率的に必要な栄養分を根に与え、その後の生長を効率的に行うように仕組んでいると考えることができる。これに対して、落葉樹は秋のうちに葉を地上の分解者に渡しているので、樹上では、冬の間は、動物に芽を食べさせることで枝の生長をコントロールするだけである。したがって、その枝は春先には、一般に、折ろうとしてもたわむだけで折れにくい。落葉樹はむしろ柔らかい新しい葉を出すことによって昆虫を誘い、樹上で葉を剪定してもらい、多すぎる昆虫は鳥に食べさせて調整しているのである。このように、常緑樹と落葉樹はそれぞれ違った仕方で動物との共生をすすめて暮らしている。言うまでもなく、植物がもつこの共生的性格は生命の本質に根ざすものである。

それゆえ、絶滅が起こるのは、競争原理が取り入れられるときである。つまり特定の食料の取り合いが起これば、一方の種が生き残り、他方の種は絶滅する。すでに幾度か述べてきたように、競争原理は絶滅を説明することができるが、進化を説明することはできない。したがって生物種における発展となる種の進化は、むしろ共生の視点からしかありえないと言うべきである。ところで、生物の間に共生原理を取り入れる決断は、また植物によってなされると見ることができる。なぜなら第一に、すでに植物細胞が進化した事情について説明したように、植物はその土台において、動物と葉緑素の共生によって生まれたものであること、つまり植物のほうが動物の可能性を予想できる能力をもつ生命体であって、その逆ではないこと、第二に、地球上の生態系は、動物ではなく、葉緑素をもつ植物が支配しているという二つの理由からである。神の名を持ち出したいのなら、神は植物を通じて地上の生態系を支配し、コントロールしている、と言うべきなのである。

ところで、葉緑素をもった植物のはたらきが「共生的進化」をよく説明すると言ったが、かつて七億年前から六億年前、葉緑素の過大な力によって大気中に酸素が充満して、大気中にあったメタンガスなどの温暖化ガスがほとんど無くなってしまった。そのために、地球大気が急激に冷却され、地球全体が凍結してしまったことがあったと言われている。この全球凍結はまだ確認されている説ではないが、かりに事実として、これによってそれまで増えていた生命がほとんど死滅してしまった、ということを聞くと、人は、やはり単細胞生物は愚かであって、自分たちを窮地に追い込んでしまうほど増殖してしまった、と単純に事実を受け止める。しかし、この全球凍結が融けた直後のカンブリア紀、海中で最初の大進化が起きた。それまでは単細胞生物しかいなかった生物世界に、多細胞生物が誕生し、目に見える大きさのさまざまな生物種が爆発的に誕生したのである。

このような歴史が事実であったとするなら、あることが推察される。というのも、進化の確率からすると、種の進化は、たくさんの個体数が広い領域に広がっているなかでは起こりにくい、という事実があるからである。なぜなら、種が進化するためには、ある程度の割合の個体が同時に似たような変化を起こしてそれが増殖する必要があるからである。ところが、その数が多いと、似たような変化を多数が一度に起こさなければならない。したがって種を構成する個体数が多数であればあるほど、全体が一度に変化できる確率は極端に少なくなる。じっさい多数の個体のなかで少数の個体のみが変化したとすると、その変化は増殖するときに拡散してしまって、後代に残らない。たとえば人間世界でも数百人の社会集団で改革を行うより、数十万人の社会集団で改革を行うことのほうが、はるかに困難である。このことと同じである。

ところで、地球全体が凍結する事態では何が起こるか、というと、ごく一部の領域のみで生物が生き残ることができる温度が保たれる、ということが起こる。というのも、地球はその内部構造のせいで、地表面に絶えずマグマを噴出させているからである。すなわち、全球凍結となっても、火山活動がある地球のごく一部でのみ、生物が生き残ることができたのである。したがって、そこではごく少数の生物が固まって暮らしていくことになる。すると、すでに述べた理由で、進化のスピードが格段にあがる。

科学者が提示している仮説では、その後も続いた火山活動によって大気中に二酸化炭素が次第に蓄積し、それによって大気が温暖化して、全球凍結が融けた、と見られている。そしてそのとき、マグマが噴出するごく一部に生き残っていた生物が広がり、大進化が起きたと考えられるのである。おそらく、マグマが噴出するごく一部の領域で、二酸化炭素が再び大気中に充満して地球が暖まるまでの時間を利用して、進化の基礎がすでにできあがっていたと考えられる。それゆえ、単細胞生物の段階で全球凍結が起きたことは、かならずしも単細胞生物の愚かさを示すものではない。なぜなら、「わざと」全球凍結を引き起こし、それによって多細胞生物の進化を可能にした、という説明もできるからである。すなわち、きわめて長期にわたる単細胞生物の時代を経て、生物が行き詰まりを起こしていたとき、その行き詰まりを打開するために葉緑素をもった植物が全球凍結を引き起こし、進化が起きやすい状況を作りだした、と説明することもできるのである。じっさいカンブリア紀の大進化によって多細胞の動物が多数開発され、その新種の生物は増えすぎる植物を食べて栄養分をより効率的に循環させることができたと考えられる。それによって、その後、より複雑な生態系で生物の世界を存続させていくことが可能になったのである。

さらに単細胞生物の生態系から多細胞生物の生態系に移行することの意味を付け加えておこう。わたしはかつてある公園の池で月に一度プランクトンの調査を続けていた人の話を聞いたことがある。池は人工的につくられていて、雨水がたまる構造になっているだけである。水深はもっとも深いところで二メートルで、周囲に樹木が植えられている。池の広さは一ヘクタールほどであった。その人の話では、調査した月によってプランクトンの数にきわめて大きな違いがあって、結論めいたことを言うことができなかった、ということである。要するに単細胞生物は物理的その他の環境条件にきわめて敏感に反応して、その池の中で大増殖したり、そうかと思うと、とつぜん消滅したりしていたのである。したがって、その生態系はきわめて不安定であった。

わたしは、生命体は偶然の作用を化学的構造体で受け止めて、いくらかエントロピーの増大の法則に抵抗する力をもった、と言ったが、単細胞の生物の段階では、その抵抗力にも大きな限界がある、ということである。しかし生命体は多細胞になることによって、環境条件の多少の変化には耐えられるようになる。つまり環境条件に対して鈍感になるのである。たとえばいくらか暑い日が続いても、それくらいで消滅してしまったり、その後の変化を無視して大増殖するのではなく、いくらかは数を増減させるが、多細胞生物は体が大きいために、一時的に過酷な条件に見舞われても恒常的な活動を続けることができる。したがって、多細胞生物が生態系を構成するようになると、生態系は安定性を増すのである。それゆえ、葉緑素をもった単細胞生物（植物ないしその祖形）は、地球を凍結させて多細胞生物の進化を可能にすることによって、より安定した生態系を地球上につくりだしてきた、と言うことができる。

いずれにしろこのような過程が生物進化の歴史にはあったとするなら、やはり進化は競争によってよりも、共生によって起こる、と考えるほうが事実をよく説明するように思える。なぜなら、全球凍結によって生物が狭い範囲に押し込められた状態のなかで、競争によって生き残りが図られたなら、生物はごく一部の強い種のみが残り、複数の細胞が集団化する多細胞生物の進化の基盤をつくることはできなかっただろうからである。しかも言うまでもないことであるが、多細胞が作られる、ということは、単細胞が複数で共生することを基盤にしている。機能分化がなければ真の多細胞生物とは言えないとしても、それがまずはただの共生からはじまることは、十分自然に推測できることである。

ところで、もしも進化が共生原理の導入によって起こるなら、絶滅作戦は、その反対の競争原理の導入によって可能となる、と考えるのが自然だろう。そしてこれまでの進化の歴史から判断してその作戦を決行するものは植物であると推測できる。なぜなら植物こそがその細胞レベルでは栄養分を自家生産できる完全な生命体であり、地球の生態系システムの基盤となっていると見られるからである。したがって植物が人類の絶滅を考え始めるとき、植物は人類のなかに競争原理を持ち込むはずである。それが第一部で論じた文明のはじまりであった。文明人はそれを人間の勝利のように考えているが、とんでもない誤解なのかも知れない。なぜなら、競争原理だけが合理的に見て、種を絶滅させる原理だからである。ダーウィンは「自然淘汰」と呼ぶが、まさに競争原理こそ種の「自然淘汰」であり、絶滅の原理である。それゆえ、人類が自分たちの絶滅を心配するなら、「競争原理」がはたらく場面を自分たちの周りから取り去る必要がある。「競争原理こそ人類の進歩発展を約束する原理である」という信条こそ、じつは植物が無言で世界に指示している人類絶滅のためのプロパガンダなのではないか。

## 五　人類の進化と人類の本質

　しかしながら、「競争原理」は、文明人から見れば、人類一万年の発展の原動力であった。人間の数を増やし、生活を快適にしてきた原動力であり、思想の発展においても同様に原動力となったと見られている。したがって競争原理こそ進歩発展の原動力であり、それゆえに、種の進化の原動力も競争原理に違いないと、一般には信じられているのである。それゆえ、人間自身には、競争原理がその反対に絶滅の原理であることは理解を超えている。しかし、これまで明らかにしてきたことから言えば、文明という競争原理の導入は、人類を破滅させるために植物が人類のなかに持ち込んでいるいつものやり方だと考えられる。それは恐竜の絶滅に利用された。食料を減らされ、小さな体躯をもった種と競合させられた恐竜は、絶滅するほかなかったのである。そしてこの方法は、ほぼ成功間違いなしの方法なのである。ひとたびこの原理が取り入れられると、種は、ほかの道が取れなくなり、予想通り、絶滅する、ということである。つまり自然淘汰が起こるのである。

人類のようすは、今まさにそれを明らかにしている、とわたしには思える。じっさい人類が誕生したのは生態系が複雑になったためであった。しかし現在、人類の活動によって多種類の生物が日々絶滅して生態系は単純化の一途をたどっている。ということは、人類が必要とされない生態系がつくられている、ということである。ところで人類を必要としない生態系は、人類の存続を守らなくなる。つまり様々な細菌、その他の病原体が、これまでは地球生態系がもっていた多種類の生物の活動がバリアーとなって人間社会を襲うことがなかったのであるが、バリアーが取り払われて、つぎつぎに人間を襲いはじめている。競争によって人間どうしの間で力をもぎ取り合って弱体化している人間は、いずれこうした病原体を防ぎきれなくなって一挙に絶滅する可能性が高い。しかし互いの間の競争に明け暮れている人間社会はそのことには気づかないのである。

人間とは何かという問いに答えるとき、人間とは絶滅に向かっている種である、と答えるのは、誤った答えではないとしても、ポジティヴな答えではない。人間とは何か、ということの答えを引き出すためには、やはり人類の誕生、つまり何のために人類は誕生したのかを明らかにしなければならないだろう。なぜなら、これまでの議論から明らかなように、人類もまた共生原理によって誕生したに違いないからである。すなわち、たまたま人類がより優秀な能力をもって生まれたゆえに、それまで生きていた種の生きる環境を奪って、その種を絶滅に追い込み、その種の替わりに生き残ることで進化を果たしたのではなく、人類誕生以前の生態系がつくりだすものによって、あらたな生存環境が成立して、人類が誕生した。つまりそのとき人類は、あらたな共生種として地球上の生態系に加わったのである。けっして、他の種を絶滅に追い込む競争種としてそれ以前の生態系に襲いかかったのではない。人類も、古くからあった生物種に、友人、兄弟として迎えられたからこそ、進化をはたすことができたのである。

したがって問題は、人類の誕生以前の生態系がつくりだしたもののうち、何が人類誕生の原因となったかである。その原因こそ、そのために人類があらたな種として地球生態系に迎えられた理由なのである。そしてそれは、人類がもっていて、なおかつ、他の種にはない特長を説明するものでもある。なぜなら、その特長をもつがゆえに、あらたな種として人類のような種が生態系に必要とされ、その一端をになうことになったはずだからである。

ところで、人類の特長は、(一)類人猿に近い種であること、(二)牙や鋭い爪をもたない穏和な種であること、(三)体毛をかなりの部分で失っていること、(四)二足歩行をして両手を自由にしていること、(五)地上性であること、(六)発達した頭脳をもつこと、(七)ことばをもっていること、(八)意識をもつこと、(九)雑食であること、等である。一部は他の種にも見られる特長であるが、身体的特長と、何を食べて生きるかは、生物種が生態系のなかでどのような位置を占めるかを考える際にポイントになることである。それゆえ、以上のことを特長としてあげておこう。

まず、（一）サル類のなかの類人猿と近縁の種であり、古い時代にかれらと分かれた系統である、という特長が何を意味しているかを考えなければならない。類人猿は、基本的に植物食であり、ときに肉食も行うが、樹上生活をしているサルから離れて、地上にも活動する場をもつようになった種である。すでに述べたように、地上で発達分化した動物種は、すべて地上の植物によって進化したものであると考えなければならない。このことでは人類も同様であるが、人類が類人猿と近縁であることは、植物とのつながりがなかでも強い種であることを暗示している。サル類は、齧歯《げっし》類や鳥類や昆虫類とともに、樹上での樹木の剪定に主導的な役割を演じている。類人猿は、さらに地上での生活を組み込んだ種であり、樹林とともに、草原にも進出している。したがって、類人猿はサル類のなかでも、樹木と草本類の両方にかかわる種である。それゆえ人類もまた、類人猿と同様に、樹木と草本類の両方にかかわる種であることを特長としている、と考えなければならない。このことは人類が、類人猿と同様か、それ以上に、樹林地ばかりか、湿地に生える草原、乾燥したサバンナの草原など、地上のかなり広い領域にかかわる種であることを示している。

（二）他方、サバンナなどの草原で草食動物を狩る肉食動物のように、牙や鋭い爪をもたないということは、人類が本来、狩人の性格をもった肉食動物ではなく、やはり植物食を基本とする穏和な種であることを示している。したがってまた、肉食動物に対しては草食動物のように集団で対処するほかない動物であることを示している。

（三）また、他の類人猿には特長的な体毛をほとんど失っている点に注目しなければならない。地上のほ乳類のほとんどが体毛によって外皮を覆っていることを考えると、これはかなり特異な側面である。皮膚の体毛を失い、代わりに、皮膚の下に脂肪層をもつことによって外界の環境条件から体内を守る点では、人類はむしろ海獣類と共通する。これは人類が進化の途上で半水中生活をもっぱらにしていた時期があったことを物語っている。すなわち、人類が類人猿の系統から分かれたきっかけとなったのは、類人猿の一部が進出したのが草原であったのに対して、人類の祖先が進出したのが、海辺ないし海中であったからだ、と考えることができる。

人類は魚などの海洋生物を豊富な栄養源として得ることによって、また危険な肉食動物から容易に逃れることができることによって、ヒヒのような牙を発達させることをせずとも、特殊な進化を容易に遂げることができたと考えることができる。すなわち現代医学の研究によれば、魚類の栄養分、なかでも魚がもっている脂肪酸は、人間の脳を形成する栄養分として非常に有効であることが知られている。また、水のなかに入れば、ライオンとても飛びかかることはできないのであるから、水のなかなら二本足でも安全であったはずである。したがって人類はその初期において海辺での生活に適応することによって個体数が少ない状態であっても、おそらく存続の可能性を大きくもつことができたのだと考えられる。そして、人類が海とのつながりをもった種であるということは、人類は地上の樹林を海からながめる視点をもつこともできる種であることを意味している。

（四）おそらく二足歩行のための身体的条件を整えたのも、この半水中生活によってであったろう。すなわち、体を半分水中に入れた状態では、立ち上がらなければ顔を出していられなかったからであるし、水の中では、水圧によって、立ち上がっていても腰などに負担がかからないからである。これによって両手が完全に自由となり、多くの物をつかむことができるようになったと考えられる。そして体を垂直にしたことによって、脳の発達が可能になった。海産物がもつ豊富な栄養分もそれを大いに促進することになったのである。

（五）とはいえ、本格的な人類の進化は、半水中生活を通じた時代のあとにやってきた。つまり、人類が地上に再進出してからのことである。このことは、人類が、地上の植物に期待されて進化したものであることを示している。たとえ一時水中に逃れていたとしても、それは二足歩行を実現し、脳を発達させる基礎をもつための、緊急避難的なものであったと考えることもできる。すなわち、地上の植物は、自分たちのめんどうを見てもらうために、あらたな種を期待して、その期待をサル類に向け、サル類の一部を草原に進出させると同時に、一部を水中に進出させ、その可能性をさぐった結果、水中に進出させた猿人が期待に応えてくれそうになったことを知って、地上に呼び戻し、本格的に森林の管理ができるように人類の進化をすすめていくことになったのである。

（六）植物が人類に期待した作業は森林の管理であったと思われる。進化が進むに連れ、生物は多様化し、ますます生態系は複雑になり、そのバランスをとることが困難になっていく。そのなかで、火災や暴風など、植物の知恵ではどうにもならない災害も大きな問題であった。植物は人類にこの問題の解決を求めたのである。それゆえ、人類はまず大きな脳をもつ必要があった。地上の生態系を全体として理解し、そのバランスをとる能力が必要になったからである。森林生態系のなかで多すぎるものは採って食べたりしながら、制御する必要がある。また大きな災害のあとには、倒れた樹木を片づけたり、樹木にまきつくツタを切ったりして、生態系の回復をはかるためにも、多くのことが理解されなければならなかった。

（七）多くのことを知らなければならなかった人類は、脳を発達させると同時に、多くの情報を得るために、互いの間でも「ことば」をもつことが必要になった。それは人類を集団的な行動をとるうえできわめてすぐれた動物にした。

（八）そして多くの生物の理解をもつために、人間は自己を含めて多くの意識をもつようになった。なぜなら、他種の生物を理解することは、いわばその生物の霊を心に取り込むことを通じて得られるものだったからである。そして自分を取り戻すために、人間は自己意識をもつことになった。

（九）また、すでに述べたように、さまざまな生物のバランスをとるためには、その数を制御していくことが必要である。そのためには、さまざまなものを食べることができなければならない。なぜなら食べることを通じて生物は多くの種と共生できる世界をつくっていく存在だからである。それゆえ、人類は、類人猿以上に雑食となったのである。

ほぼ以上によって、文明化以前の人間が明らかになった。これは自然が生みだした人間について、それが何かを明らかにするものである。他方、文明化を通じて人間社会は競争社会となったし、絶滅すべき種となったことを考えなければならない。人間は生態系の全体に配慮することができないものとなり、人間どうしの間で争う種となった。しかもこの争いは生態系を破壊する結果しか生んでいない。したがって自然から見れば文明社会の人間は有害無益の存在となり、絶滅すべき種であることは明らかである。それゆえ、自然が生みだした本来の人間は何であるか、を考えるためには、自然が生みだした人間に立ち戻って、人間とは何かを考えるのでなければならない。それが進化によって誕生した「共生種としての人間」を見いだす考察となる。それゆえ、わたしたちはこれまでに見いだした共生種としての人間によって文明以前の生活を送った人間に立ち戻り、「ある」と言うべきものを探求しなければならない。

最後にこの章の結論ともなる世界について明確にしておこう。

わたしが見いだした世界は、これまで一般に西欧文明において述べられてきた世界秩序を逆転するものである。西欧世界の世界観では、神のもとに、天使があり、宇宙があり、宇宙の広がりのなかでもっとも神に近く人間があり、そのもとに他の動物があり、動物の下に植物があり、植物の下に鉱物がある、と考えられてきた。しかしわたしが見いだした世界では、人間は他の動物たちとともに植物の下に生きている。神や天使のような精霊がいるとしたら、植物を通して人間はそれを知るのである。また他の動物たちにしても、植物のもとに生きているのであるから、やはり植物がそれらを理解する道を教えてくれるはずである。それゆえ人間は植物にもとづく生態系の管理を仕事とするが、生態系に君臨するのではなく、奉仕するのである。

奉仕というと、すぐにそれは奴隷的な仕事であるとステレオタイプに考えられがちであるが、

「善美に奉仕する」のは真の自由である。なぜなら、生態系の善美に奉仕するとき、人間はその善美を喜ぶ暮らしができるからである。森が輝き、生き物があふれている光景を美しいと感じない人間はいない。海が輝き、生き物があふれている光景に感動しない人間はいないだろう。それは人間の本能なのである。そもそも奉仕が奴隷的となるのは、人が自己や他人の欲望に従うときである。なぜなら、他人の欲望にしたがうことばかりか、自己の欲望にしたがうことも、醜悪なものに奉仕することだからである。なぜなら、欲望は醜悪な欲求だからである。ところで、醜悪なものに奉仕すれば、人間は醜悪なものを受け取ることになる。そして醜悪なものを喜ぶ暮らしがあるとすれば、それは少しも幸福ではなく、汚物にまみれた生活に過ぎない。それを自由と勘違いしているとすれば、人間はやはり狂っているのである。つまり醜悪なものに奉仕する人間こそ、奴隷的な人間である。したがって、生態系の善美に奉仕する人間は、むしろ真に自由な人間である。

また植物に教えられるということを、ばかげていると思うひとは、イエス・キリストすら、野の草に学んで、明日をわずらうな、と教えていることを思い起こすべきだろう。あるいは、シャカもまた、菩提樹の下で悟りを開いたと言われることを思い起こすべきである。

## 六　人間の未熟性と文明

わたしは、種の進化と人類の誕生について論じた。そこでわたしが見いだしたものは、生命がもつ共生的傾向と、人類誕生の意味であった。わたしの考察が正しければ、わたしたち人類は偶然に誕生したものではなく、人類が誕生する直前の生態系において、おもに植物が望んで生まれた種なのである。進化が進み、生物種が多様化すれば、生態系が複雑化する。進化もまた生物がもつ共生的傾向によるとすれば、進化は種を多様化するが、同時に、多様化した種は互いに共生を進めることになる。しかし、多様な種の共生が進めば、ますます生態系は複雑になり、バランスを取ることが重要になる。そうなると、雑食性であると同時に高い知能をもつ動物が生態系のなかに必要になる。なぜなら、何であろうとも、増えすぎたものを食べ、バランスが取れるように生態系を導く配慮をもつことができる種が、新たに生まれてくることが求められるからである。つまり、たんに自分が好むものを食べるだけでなく、必要なら、食べにくいものも食べられるように工夫できる動物が必要になったのである。

さまざまな猿人が進化し、その一部が現在の人類への系統となるのであるが、これらの系統が類人猿の系統から分かれたのは、海洋生物によって養われたことによると、わたしは考える。海洋生物によって養われた猿人が、二足歩行を実現して脳の発達を可能にしたうえで地上に進出したのである。このことによって猿人は、多様で複雑な生態系をもつに至った地上の植物の要求に応じることができる種になる道に入った。これが人類の誕生だったのである。それゆえ、人類はかなり幅広く生物を狩る種になった。海のものから山のものまで、人類が食するものは、多様なのである。しかし、それは人類が貪欲であることを意味するのではなく、生態系の全体に配慮をもってものを食べる生物種となった、ということである。生態系がバランスを崩さないことに配慮するからこそ、人類は多様な生物種を食するものであったはずだからである。

人類による火の使用も、そうした理由によると考えられる。すなわち、あごの力でかみ砕くのではなく、火の熱によって堅い繊維をこわし、食べやすくする方法を取ることで、ひろく多種の生物種を狩る、という人類本来の目的を達成するためである。事実そのために、かつてアフリカに頑健な身体をもち、火を使うことがなかった猿人が出現したが、かれらは滅び、それほど頑健ではなくとも火を使うことができた人類がその後の進化の道を手に入れた。自然は、身体の頑健さで雑食となる道よりも、脳の発達による雑食を求めたのだと思われる。なぜなら、おそらく、頑健なあごをもつことが、同じ頭蓋骨内での脳の発達に良い影響を与えないからだろう。人類の火の使用はそのためのものだったと考えられる。それゆえ、火の使用は、人類の誕生を事実上決定した時期にまでさかのぼる。つまり火は、類人猿と分かれた人類の誕生時期から、人類にとって無くてはならないものとなったのである。したがって火の使用は、石器使用のもっとも古い時代にまでさかのぼるものだろう。まさに人類は火とともに生きてきたし、進化してきたのである。そのために現代ですら火を見ることが人間にとって、特別の感慨をもたらすものとなっているのである。

ところで、脳を発達させた人類は、ときに嵐などで傷ついた自然に出合って回復に手を貸すこともしたはずである。なぜなら自然の生態系がもっとも効率よく太陽のエネルギーを吸収することができれば、それは自分たちの食料を増やすことになるからである。このことを自然から生まれて最高の知能をもつことになった人類は、本能的に察知したに違いない。そしてこの理解は、特定の生物種が繁栄してバランスを崩した生態系を見いだしたときにも、人類の頭脳に生まれたと推測できる。なぜなら、この二つは別々のことではなく、本質的に同じことだからである。特定の生物種がバランスを崩して増えたときにも、生態系は太陽のエネルギーの吸収を非効率なものにする。それはちょうど、人間の経済において、特定の人々が散財することによって全体の経済が狂ってくるということに似ている。一部の種が増えすぎれば、それが消費する栄養分が多すぎるために、さまざまな良くない結果を生態系全体に及ぼすことになるからである。

他方、商売においても、人へのサービスが十分であることが、自分への利益となって返ってくるように、生態系への奉仕が十分であることは、その返報として、それだけ多くの余剰生物が生産されて、人類にとっての食料も増える、ということである。それゆえ、人類の仕事は、特定の種の繁栄によって生態系がバランスを崩している事実を見いだしたときには、何らかの方法を見いだして、その種の個体を生態系から散逸させ、バランスを取り戻すことであったに違いない。そのために、発達した脳と二本の自由な手が必要であったわけであるし、じっさい、役立ったに違いないのである。

言うまでもなく、生態系が十分な余剰を生みだしていないときには、人類も飢えるほかない。生態系の全体が、共生のシステムなのであるから、人類もまた、増えすぎれば生態系のバランスを崩すことになる。したがって、植物が退潮すれば、それに応じて人類も、数を減らすほかなかったに違いない。かつて人類がそのことをどこまで意識して許容していたかはわからないが、自分たちが数を減らすことになろうとも、不満を感じることはなかったと思われる。たとえ飢えのなかでも、多様な生物種に出合うことができる豊かな生活に深い喜びを味わうのは、数十万年前とはいえ、現実には、人類は生態系の一員として生き抜くうえで未熟な精神の持ち主であったことは認めざるをえないだろう。人類は立ち上がって二足歩行を始めていたが、それは二足歩行のための身体的完成を十分に果たしたうえでのことではなかった。現在でも人類は腰を痛めたり、膝を痛めたり、内蔵が下がることから来るさまざまな疾患に悩まされている。また、血液が下半身に下がることに抵抗するために、血管に施されたさまざまな未完成の工夫に生じる疾患にも悩まされたままである。それはそのまま、人類の脳がもつ未完成状態、しいて言えば、未熟状態を暗示している。つまり人類は、他の生物種と違って、心身共にかなりひどい未熟児なのである。

最後の氷河期が終わる頃、きびしい時代を生き抜いた人類は、その一部がいつのまにか生態系の一員としての義務を忘れ、自己保存のために環境に手を加える生活を始めたのである。それは、おそらく、この未熟性が引き起こした過ちだったに違いない。それでも当初は、未熟児だった人類は、むしろだからこそ謙虚にすべてを自然から学ぶ姿勢をもちつづけて、自然が期待していたように、森林などの自然を守り育て、災害で破壊された森林などの再生にも努力していたと思われる。すなわち、自分たちが進化した当初のころの自然が続いていたなかでは、何の疑いもなく、自然から学ぶ姿勢を崩さずにいたに違いない。ところが、あるときから、自然から学ぶ姿勢を転換しはじめたように見える。

本来、自己中心的であることは、精神の未熟性を示している。ところが、自己中心的に脳をはたらかせて、可能な限り他者を排除したり、自分のために動かすことを、自己の優秀さと勘違いした人類が、あるとき生まれたのである。かれらが自分たちの子どもをそのように教え育てるようになると、もはや自然の知恵に学んで生きる人類ではなく、人類自身の未熟さを学ぶだけの人類が、あらたに生まれたこととなる。未熟児が未熟さを学んで成長するとき、けっして成熟できない生物種が存在し始める。それがここ一万年の間に目立つこととなった新しい人類の姿なのである。たしかに、人類の本能として、たとえ同じ人類であろうとも、増えすぎた人間は生態系を崩している生物種として狩りの対象となる。何らかの攻撃によって散逸させる仕事が行われただろう。しかし、これに自己中心性が加わると、殺害と強奪が起こるのである。なぜなら生態系の善美のための排除は、他者だけでなく、自己の排除（その場を自分も立ち去ること）も含まれるが、自己のための排除、すなわち、自己中心的な排除では、他者だけが徹底して排除の対象になるからである。それは文明がはじまることによって同時に起こることになった戦争である。

この自己中心的な排除が起こったときが、農耕の始まりであり、文明の始まりであった。農耕は特定の植物の人為的産出であり、生態系全体の善美を求めるものではなかった。このことは自然が発明した人類という種が変質してしまったことを意味している。この変質が可能であったのは、すでに述べたように、人類の未熟さであり、その特長である可変的な知能の力によっていることは疑いようもない。つまり他の種においては、それぞれの種の特長となっている能力は、「本能」と言われるレベルまで完成された状態であるが、人類だけは、知能が本能と言えるレベルまで完成されずに、そのときどきの状況に対処できるためにであろうか、未熟なままになっていたのである。

植物が生態系の全体のために開発して人類に植え込んだ知能という能力は、大変危険な代物だった。生命がもつ他種との共生的傾向ないし性質は、当然のことながら、人類の知能にも埋め込まれているが、知能がもつ可変性は、生命が伝えている本能とも言うべきこの傾向性を、無視することまで可能にしていたのである。つまり他種を思う意識が、自己を思う意識に負けてしまったのである。地球上の生物種は、藻や植物のもつ葉緑素のはたらきによって存続している。したがってそのはたらきが生みだしている栄養分が循環してさまざまな生物種を存続させているなかに、人類もまた存続の可能性をもっている。それゆえ、人類は植物をおもな基礎とした共生関係がもっとも効率よくはたらく環境を守り、ときには再生させせために、「かれらのために」生きることが求められていたし、その結果として多くの喜びを得ていたのである。つまり、そこに「善美なるもの」を見いだして、喜びを感じていたのである。たとえば花が咲き、蝶が飛び、鳥がさえずる自然の姿に、胸躍らせてきた。そしてそれら他の種との交流にこそ、生き甲斐を見いだしてきたのである。言い換えれば、それこそが、自然が人類の知能のうちに作りだしていた未熟な本能であった。

ところが、あるときから、自己中心的に考えることが自然な生き方になってしまったのである。その結果が文明の始まりである。それはまた、人間社会が競争社会となったことを意味する。なぜなら、文明は土地を占有する力であり、それは他者を排除する思想をもつからである。そしてこれはすでに述べたように、種の絶滅プログラムが人類のなかで稼働しはじめたことを意味している。生物学の最近の研究によっても、特定の種が天敵を失って増加すると、その種は絶滅することが知られるようになった。人類は天敵のない種である。天敵となりうるような大型四足獣を各地域で絶滅させてきたからである。もはや人類は、自然の人口管理が失われており、戦争に訴えて人口を減らすとか、環境破壊で人口を減らす、等々の不自然な状況に陥り、いわば飛行機が空中爆発をする一歩手前の迷走状態に陥ってしまっている。そしてこの状況にすら気づくことができない。

## 七　自然本来の人間を規準として「ある」もの

それゆえ、ここでの目的のために、わたしは文明以前の人類のあり方を規準とせざるをえない。なぜなら、絶滅プログラムに乗った種の立場に立って人間を考察しても、人間が絶滅に向かう道しか見つけられないからである。したがって、ここでは、地球の生態系のなかに共生するものとして誕生した人類の立場に立って（それを推測して）、考察するほかない。つまり他種との共生を本能とする人類の意識こそ、人類にとっての「ある」を真実に見いだすための規準とすべきだからである。

しかしこの規準を受け取ることは、おそらく、ソクラテスやプラトンが規定しようとした「善美なもの」を明確にしてくれることにもなるだろう。なぜなら、哲学の議論が迷路にはまるおもな理由は、人類の自己中心性の是認、つまりそれを正義と認めることによるからである。じっさい、もしもわたしたちが通常と異なって、自分の生命の維持を自分から求めることを生命の本質的なはたらきと認めながら、積極的な正義と認めない、という立場を取るならば、いかなる条件であれ、殺人は不正となるし、戦争は不正となるからである。人間の善美ではなく、生態系の善美こそ、客観的な善美であり、それこそが人類の目的であるとすれば、自然環境の破壊につながることがらは、どれほどささいであろうと、不正であると言い切れることとなるだろう。なぜなら、自然環境の破壊につながることがらについては、それをすることが、どれほどわたしたち自身の生命を直接的には快適にしてくれるとしても、やはりそれは善美の破壊だからである。つまりそれは醜悪で不正なことがらであり、許されない、ということが、いかなる躊躇もなく認められるからである。自己保存の欲求を自然の正義と認めることなく、自然生態系の調和を究極の善美と認め、そのための生き方が正義であると考えるなら、おそらく、ほとんどの哲学的難問が解決されることになるだろう。

しかしこれについて論じることは、もう少しあとにしよう。とりあえず、わたしは、「ある」と語り出す規準として、文明以前の人類、あるいは、共生的傾向をもった人類の思考を提出する。この思考のみが、本来の意味で、人類が「ある」と語るべきものを導き出すことができる規準である。またわたしはこの規準を取ることの理由を明確にするために、人類に至る進化の過程をたどったが、その考察は、規準設定に有効であっただけではなく、同時に、人間の身体の原因となる存在を確定することでもあった。なぜなら、進化を通して人類が誕生した過程の分析は、人間の身体を支える存在の確認となるからである。それはちょうど「個体発生は系統発生を繰り返す」と言われるように、誕生の秘話は、誕生後の身体の原因を語るものでもあるからである。

たとえば、進化の過程を逆にたどりながら、人間の身体の原因となる存在を考えてみよう。まず脳の発達が最近のできごとになる。これは生態系の多様性を理解するためであった。人間の脳は、鳥の囀りから、植物がかもしだすにおいによっても、刺激を受け、また、多くを学ぶことを通じて、はたらくことができる。それはまた人間が雑食性であることと結びついている。すなわち、人間の身体はさまざまなものを食べて、栄養を取ることができる。食べ物となるそれらは、明らかに、人間の身体を形成する原因存在である。したがって、生物の多様性、言い換えれば、生態系が多様なものによって成り立っているような世界を周囲にもっていることが、人間の身体を支えており、それが身体の原因となっている。それゆえ、まず結論としてつぎのように言わなければならない。すなわち、生態系を構成する多様な生物種の存在すべてが、人間の身体の原因となる存在であり、人間が「ある」と言わなければならない存在である。

その一つ前の段階とは、人類が二足歩行を覚えることになった世界、すなわち、海である。海の産物は、現在の人類にとっても、脳に優良な栄養を与えてくれる宝庫である。海の音も、海洋生物が立てる音も、人間の脳にゆたかな刺激を与えてくれる。したがって、人間にとって、陸地ばかりではなく、海もまた、「ある」と語るべき存在である。

その前にさかのぼるなら、もはや人類のかたちを見ることはない。しかし、その生命の段階なしには人類の誕生はありえなかった。そしてこの段階には、ひろく生物に共通な原因が見いだされるのである。その原因とは、多様な動物種を支える多様な植物種の世界である。被子植物、裸子植物、胞子植物、藻類、その他、葉緑素を含んだ多様な生物種が存在している。これらの生物種もまた「ある」と語らなければならない。なぜなら、葉緑素こそ、太陽エネルギーから生命に必須の栄養分を合成する生命の基礎だからである。

それゆえまた、その太陽も、「ある」と語らなければならないし、大気中の炭素と水も、生物の栄養素の合成には無くてはならないものであるから、「ある」と語らなければならない。さらに生命を生かしているさまざまな要素、鉄分やナトリウム、カリウム、マグネシウム、亜鉛なども「ある」と語らなければならない。また人間は地球のうえに生きているのであるから、地球が「ある」ことも疑いようもない。それは自転し、太陽のまわりを公転している。それによって昼と夜があり、さまざまな季節がある。したがって、この意味でも、太陽が「ある」ことも疑いようもない。地球表面には海と陸があり、地域によってさまざまな気候がある。それゆえ、繰り返しになるが、人間は陸上動物であるので、陸が「ある」ことは疑いようもない。

同様に、酸素を大量に含む空気も「ある」と言わなければならない。暑いところにも、寒いところにも人間は住んでいるが、空気のないところに人は住めないのだから。そして水も流れていてこそ水であることを保持していられるように、大気もまた、風という流れをもつことによってはじめて大気であることができるように思われる。暴風はいのちを危険にさらすが、適度な風はいのちを育むのである。それゆえ、川などの水の流れ、空気も風も「ある」と言わなければならない。

さらにまた、大気の上層にはオゾン層があって、太陽からの紫外線を抑えていることが明らかにされている。ところでオゾンは酸素原子三つからできている。この酸素原子が紫外線と反応して紫外線を抑えているのである。オゾン層がなければ、海で誕生し、育まれた生命が地上に進出することはできなかったと言われている。したがって、わたしたちはだれもオゾン層を目で見ることはできないが（計測できるだけである）、それがわたしたちにとって「ある」ことは今や否定できない。つまり地上から見える太陽は神々しいが、それが神々しいのは、オゾン層を通過し、大気を通過してきた太陽光が、紫外線を含む放射線を失っているからであって、太陽がもっているもともとの光は、核融合が放つ危険な放射線を含む光なのである。それゆえ、太陽が「ある」のは、正確には、大気とともに、である。すなわち、わたしたちにとって「ある」と言われるべき太陽とは、純粋に太陽である天体、つまり宇宙空間に浮かぶ太陽という天体ではなく、地球大気をともなう太陽なのである。

ところで、大気中で酸素が二酸化炭素から分離されてあるのは、葉緑素のはたらきによる。はじめに二酸化炭素から酸素を分離する葉緑素をもつことになったのは、ある種のバクテリアないし原始的な藻類だった。進化の過程で生物は核をもつ細胞をもつようになるが、その段階に至って葉緑素を細胞内に取り込んだものは、植物となった。その意味では海水中に酸素を充満させ、つぎに大気中にも酸素を充満させ、大気上層部にオゾン層を出現させてきたのは、植物とその祖先であった。すでに述べたように、太陽が人間にとって「ある」と言われるのは、大気とともに、である。そしてその大気は、植物ないしその祖先とともに「ある」のであって、地球の重力に引きつけられて「ある」だけではない。なぜなら、酸素をほとんど含まない大気は、太陽の紫外線を抑える力がないからである。それゆえ、人間にとって「ある」ところの太陽は、大気とともに「ある」太陽であり、また、植物とともに「ある」太陽である。

したがって太陽もわたしたちにとっては、ただの太陽ではなく、植物などの生命体に包まれた太陽である。さらに少なくともわたしたちは、大気を通してしか本来は天体を見ることがないのであるから、わたしたちにとって「ある」天体は、すべて植物とその祖先とともに「ある」天体なのである。また地球上の陸地の表面は、多かれ少なかれ、また植物であれ、動物であれ、生命のはたらきによって変形しているのであるから、地球もまた、生命とともに「ある」地球なのである。したがって、大ざっぱに言って、無機物の自然全体もまた、まったく無機的にわたしたちにとって「ある」のではなく、生命に包まれて「ある」自然だと言うべきなのである。

このように人間存在を支えている自然は、天体という無機的な存在についても、じつは天文学が教えている純粋に物理的な存在ではなく、地球生態系のなかにつくられてある大気と「ともにある」天体であると知られる。太陽も月も星も、純粋に宇宙空間に浮かぶそれらではなく、むしろ地上の葉緑素が変化させた大気のなかに浮かぶ太陽であり、月であり、星なのである。したがって雲に隠れる月は、人間存在にとっては、人間存在に直接かかわる月である。他方、宇宙空間に乾ききって存在する月は、天文学上の月であって、わたしたちが「ある」と言わなければならない月ではない。星も同様である。それゆえ、何らかの地域的文化を背景にして星座が語られるとき、それは天文学上の星とは別に、わたしたちにとって地域的制限のなかであるが、「ある」と言わなければならない星であり、星座なのである。

このように見てくると、人間存在の理解のためにもっとも関わるのは、葉緑素をもつ藻類や植物の存在であることが明らかである。葉緑素をもった原始的藻類や植物は、人間が息を吸う大気をつくり、合わせて人間が食べるものをつくっている。すなわち、二酸化炭素と水を取り込み、太陽の光エネルギーを受けて、酸素と炭水化物（糖分）をつくる。およそ地球上の生物のほとんどは、この葉緑素のはたらきによって生きている。したがって、人間存在を支えているものは、地球上では、水と葉緑素の存在である、と言っていい。言うまでもなく人間の消化器官の機能には限界があるので、どんな栄養素も植物から取り出すことができる、とは言えない。しかし、他の動物から栄養素を取るとしても、その動物は植物から栄養分を受け取って消化吸収し、自分の身体組織をつくっているのだから、もとにあるのは、いずれにしろ「植物・葉緑素」なのである。これは人間ばかりではなく、他の動物すべてにあてはまるから、地球表面の生態系を支えているのは一般的には植物であり、葉緑素だと言うことができる。ところで、前にも述べたことであるが、地球の生態系の全体が人間の存在を支えている。それゆえ、それは人間にとって「ある」と言うべき存在なのである。それゆえ、わけても葉緑素は、あるいは植物は、人間の身体的原因存在の探求において、「ある」と認めなければならない存在である。

このように、人間存在は、地球上の生態系、わけても植物や葉緑素に包まれていることが判明する。人間が見ている天体も、それに包まれて「ある」ことが分かっている。したがって、わたしたちは人間の存在を植物の視点から見ていかなければならない。これまで一般に西洋文明の視点が疑われずに、わたしたちは植物を動物の下に見てきたが、むしろ植物をわたしたち動物界の上に見て、わたしたち動物界が植物に依存しているさまを見なければならないのである。

## 八　生態系存在論の「質料形相論」

ところで、そのことについて考察するために、アリストテレスの質料・形相論を取り上げる必要がある。アリストテレスの存在論についてはすでに拒否の姿勢を示したが、その理由は、かれの存在論がすべての存在を、つまり一般に「ある」と言われるすべてを同等に「ある」ものとして取り上げる姿勢に関してである、と述べた。したがって、それ以外の点については必ずしも拒絶する理由はない。むしろ、大いに参考になると言うべきだろう。じっさいアリストテレスの存在論はかれの自然学の発展なのであるが、かれの自然学は本来、たぶんに生命主義的である。というのも、かれの哲学では、運動は生命（霊魂実体）が引き起こすものと見られているからである。つまり自分自身を動かし、他者を動かすものは、動物であり、霊魂をもつ生物であるという考えが、かれの基本的な考えであり、かれにとっては、天体もまた、霊魂をもつ生き物なのであった。それゆえ太陽の霊魂によって太陽は運動しているが、つまり天空を行き来しているが、同時に、その太陽の運動によって、植物は生長し、動物も生長し、運動している、と見ていたのである。

それゆえアリストテレスの存在論においても、天体は、生命の運動を行い、地上の生物に生命エネルギーをもたらしていると見なされている。わたしが見いだした存在論においても、太陽も、他の天体も、生命的なものである。ただし一つ大きな違いがあるとすればつぎのことである。すなわち、わたしが主張しているのは、太陽やその他の天体は宇宙に浮かんでいるだけのものとしては、生命的とは言い難く、あくまでも地球上の葉緑素のはたらきによって生命的なものとなっている、ということである。つまり、地球上の生命は、地球外から生命のエネルギーを受け取っているとしても、そのエネルギーを生命的なものにしているのは葉緑素（クロロフィル）なのである。したがって、地球外からもたらされるものがアリストテレスの用語を用いて質料とすれば、「葉緑素」が形相なのである。つまり生命的であることに関して言えば、葉緑素がもっとも生命的であり、その意味で第一の形相であり、太陽のエネルギーも、二酸化炭素や水も、質料的なものであって、葉緑素という形相によって、生命の形相を与えられ、生命的なものとなっている、と言うことができる。

ところで、葉緑素が第一の形相なら、各種の生物種を規定している「遺伝情報」は、第二の形相と見ることができる。この形相が葉緑素が形相化した質料から、質料を得て、形相化するとき、それぞれの生物種の個体ができる、と語ることができる。第一と第二の形相とともに、第三の形相が考えられる。それは、第二の形相が集まって、調和した生態系を構成して、第一の形相である葉緑素が最大のはたらきをするようになった生態系のあり方である、と言うことにしよう。つまりそれは「生態系の形相」である。他方、この生態系の形相を一方の端を占める最大の形相とすれば、種の形相は中間の形相であり、葉緑素は他方の端を占める最大の形相である。つまり最大から最小へと連なる形相があるのではなく、横一列に並ぶ形相があって、しいて言えば、左端が生態系の形相であり、右端が葉緑素の形相であり、中間に種の形相が連なるのである。ところで、中間の形相は、両端の形相に依存している。つまり、生物種は、葉緑素のはたらきに依存するが、同時に、生態系の消長に依存する。しかし両端の形相も、それぞれに他の形相に依存している。なぜなら葉緑素は植物細胞に入って中間の形相を構成しているし、そのはたらきは生態系の消長に依存するからである。とはいえ生態系の善美（形相）が最大化するとき、それによって他の形相も最大化すると言わなければならない。なぜなら、生命の原理は共生の原理であり、共生の効率が最大である状態が生態系の形相が最大化したときだからである。

すなわち、第三の形相である生態系の形相が最大である意味は、葉緑素の形相が最大である意味とは異なっている。葉緑素はエネルギーの取り込みにおいて最大である。それは生命の形相がはじまる始点であり、それゆえ起動因を形成する最大の形相である。他方、共生の原理において最大であるのが生態系の形相である。それは目的因を形成する最大の形相であり、善美の極致であると言うことができる。

それゆえ、この質料形相論において存在の秩序を見るならば、もっとも上位に措かれるのは生態系の形相である。つまり生態系の調和的展開である。そこでは種々の生物が生死の循環において見事に共生している。もっとも下位におかれるのは、葉緑素の形相である。それはすべての生物種を支える基盤となっている。下位におかれると言っても、重要度が一番低い、という意味ではなく、すべての生物種が依存している、という意味である。それはまた生物種の存在の開始点である。言い換えれば生命存在論の基盤であり、始点であると言うことができる。なお種々の生物種の形相は、この基盤に乗って、生態系を構成する形相である。それは生態系の形相のなかに包まれて、その形相から善美の力を得て存在し、下位の葉緑素の形相から生成発展する力を得て、存在している。

これらの形相に対して、質料となるのは、太陽光と、生命体を構成する種々の元素である。すなわち、水素、酸素、炭素、窒素、リン、鉄、マグネシウム、カリウム、ナトリウム、カルシウム、亜鉛、イオウである。これらから、炭水化物（糖）、脂質、タンパク質がつくられ、複雑な生命体が構成される。さまざまな元素が、イオン結合して、複雑な分子をつくり、またそれをひもとくことで、エネルギーその他が伝達されて、生命体が構成されているのである。その秩序を統括しているのも、タンパク質からつくられるさまざまな酵素である。

## 九　生命が行うエネルギー使用

人間はこの生命の活動が複雑過ぎてまねすることができないために、手近で単純な物理的方法によってエネルギーを使用している。しかも競争原理という排除の原理を使用して生活を展開している。これらの状態が絶滅へのプログラムとしてはたらいているのである。生命体がきわめて複雑な過程をもつ化学的手法を開発しているのは、それが共生の原理に合っているからである。物理的方法によるエネルギーの使用は、結びついたものをひもとくだけの道である。それは二度と結びつけることができない仕方でひもとかれる。それゆえ、人間が行っているエネルギーの使用は、ひもとくことにおいて、早い者勝ちでしかない。これに対して生命が行っていること、すなわち、太陽という域外のエネルギーを原子レベルのイオン結合において受け止め、酵素という触媒による化学反応過程によってさまざまなコントロールを効かせ、もっとも効率的にひもといていく方法は、生命が可能なかぎりの協力を互いに見いだしてきた結果のように見える。

これに対して人間が見いだしてきた技術は自分たちだけが利用できるエネルギーの反応過程であり、その過程からも他の生物種を排除するゆえに、生命環境に対しては破壊的作用ばかりを引き起こしている。核エネルギーの利用はその最たるものであろう。多くの無駄を生み出しながら、それでも有り余るほどの単純なエネルギーを操作することにしか人間は興味を持たなくなってしまっているのである。ここには、金銀宝石に埋もれた生活にしか興味を持てなくなってしまった人間の悲惨な姿がある。

これに対して、生命が生みだしてきた技術はときに排除のための技術であっても、それはいくらかはまた、共生の技術としてはたらく余地を残しているのがつねである。植物がもっている多くの毒素は、ある種の生物種を排除するためのものであるが、それはまたおなじような生物種に悩んでいる動物に利用されて、共生の道具となっているのである。そしてそのエネルギー操作は、とうていまねができないほどの繊細さで進む。膨大な情報が必要な場所に必要な早さで伝わる技術は、人間の理解を超えた技術である。それは、生命の長い歴史が共生の性格をもちながら、着実に技術を積んできたことを明らかに物語っている。これが競争という排除の歴史であったなら、これほど繊細で複雑な技術は生まれることがなかったに違いない。

この共生の性格が、生命がその基礎にもっている炭素の四本の腕に象徴されている。いわば東西南北のあらゆる方向に平等に伸びる腕は、生命の本質があらゆる方向をもった共生であることを象徴しているのではないか。この四本の腕が酸素や水素をつかまえて糖分（炭水化物）や脂質をつくり、酸素と水素のほかに窒素などをつかまえてアミノ酸（タンパク質）をつくっているのである。千手観音とは少し違うとしても、かならずしも全く別とは言えない姿勢を、生命は本質的にもっている。人間がそれを理解するためには、人間もまた共生の原理に基づいて技術を発明して利用していく、ということが必要である。これまで技術は、可能な限り人間だけが成果を利用できる仕様でつくられてきた。そのような技術で生きてきた人間は、ますます共生の意味を見失ってきたのである。これからは、多様な生物種が利用可能な仕様でつくられる技術が必要であろう。その技術の発明と利用を通じて、共生の意味を人間はあらためて学ばなければならないのである。

ところで、生命の世界がこのように共生の原理でできあがっているために、そのエネルギーの運動、伝播のようすをアリストテレスの現実態、可能態の用語で説明することには無理がある。アリストテレスの用語は、エネルギーが高い所から低い所へ流れる過程ではなく、生命が完成態をつくりだしていく過程を、完成態のほうから可能態を導いていく仕方として表現するものである。つまり現実態が可能態に力を与えて、その現実態に引っ張っていく過程が表現されるのである。この過程が生命の運動となる。しかしこの過程を表現するだけならば、形相と質料の用語で十分である。じっさい太陽光のエネルギーがもとにあるとしても、葉緑素によって生命のかたちが太陽光のエネルギーに付与されて、はじめてそれが力となるからである。つまりエネルギーの力は生命の形相に表されて伝えられていくのであって、それ以外のかたちとなったものは、宇宙に拡散してしまう。したがって生命の本質にとっては、エネルギーがさまざまな過程においてどのような形をとるかが問題であって、むしろ形相の用語を用いてそれを表しておくことのほうが真実から離れない説明なのである。

とはいえ、現実態、可能態による説明は、アリストテレスにおいても重複をもっている。なぜなら形相が現実態であって、質料が可能態であるのなら、重複は避けられないからである。それでも現実態と可能態による説明がアリストテレスにあるのは、現実態と可能態による説明が動的な流れを表現することができるからである。形相と質料による説明は静的である。なぜなら、形相はある形をもつこととして不変であることが重要だからである。質料はそのかたちに至らない要素である。質料は形相からかたちを付与されると説明できるが、形相が生み出されていく運動が表現されない。形相が起動因になるとしても、あるいは目的因になるとしても、そのはたらきが生み出されていく経過は、現実態によって可能態が現実態に向けて生成する過程として表現される必要があるのである。そのことから言えば、現実態のなかの現実態と言われる完成態と見られるのは、生態系の極相を表す形相であるだろう。そしてこの完成態に向けて、数々の現実態が可能態をこの完成態に向けて動かす要素として数えられる。

言うまでもなく、何が現実態で何が可能態かは、相対的なものである。太陽光も、葉緑素によってかたちを与えられることからすれば、可能態であり、核融合によって生まれたエネルギーを葉緑素を通じて化合物に与えることからすれば、現実態である。後者の意味では、植物は太陽光に向かって生長する。つまり、太陽が現実態として可能態である植物を自分に向かって生長させている。また前者の意味では、太陽光がいのちの恵みになるのは、葉緑素によるし、また葉緑素が生みだした大気中の酸素、また成層圏のオゾン層によっている。したがって、太陽光は、この意味では可能態であり、質料なのである。

このように、現実態と可能態による説明が形相と質料による説明以上に相対的になるのは、生命のエネルギーの伝播が、拡散していく流れとして見いだされるよりも、各種のタンパク質に横方向に手渡されていく過程として見いだされるからである。つまり縦系列で理解される流れではなく、横に流れ、どの方向に流れるか、ある時には統制がとられ、ある時には、偶然が左右する過程と言うべき流れになっているからである。これがイオン結合と分離という化学反応によってエネルギーが伝播される生命の特質なのである。すなわち、生命におけるエネルギーの流れが、自然法則的な必然の拡散ではなく、秩序をもった伝播であり、また偶然が左右することもある伝播であることによって、生命は、自由な特質を保持しているのである。

このことに関連して生命の特質について付け加えて述べておかなければならないものがある。それは共生的性格が進化を引き起こしてきたことと関連する。すなわち、ミトコンドリア型バクテリアと古細菌との共生によって真核細胞が誕生し、つぎに真核細胞に葉緑素が侵入して共生し、植物細胞が生まれたと見られる例から考えられることである。わたしたちはそこに、生命が偶然的な遭遇のなかで、可能なかぎりの共生方法をさがしてきたと言うことができる歴史を見た。このことを簡略に表現すれば、生命とは「偶然を活かして普遍化し、必然化するもの」だと言うことができる。つまり、ある要素とある要素が出合うとか、共存することは、偶然である。そのなかで、たまたま共生に成功することが起こる。これが進化と多様化の原点になった。ひとたび成功すれば、その成功は、生命の力によって存続し、広がり、普遍的なものとなる。つまりある程度（相対的に）普遍化・必然化するのである。したがって生命においては、偶然は物質界における偶然とは異なって、生命的普遍化・必然化を生じる。すなわち、かならずしも偶然が偶然のままに終わらないのである。それゆえ、かつて人間が生まれたのは偶然であるとしても、その後は、人間は他の種の個体ではなく、人間を普遍的に、また必然的に生むのである。

## 十　個体について

以上で、人間の身体の原因となる存在をめぐって、存在論の基礎を築くことができたと思われる。最後に種と個の関係について、議論しておかなければならない。なぜなら、存在論は種のレベルの普遍を論じるものであるが、現象しているのは個体である。ところが今日、現象しているものに言及しない者は現実に基づいて議論していないと見なされてしまいやすい。それゆえ、個体のもつ意味について言及せざるをえない。

ところで、アリストテレスにおいても、個体は、数において一つである。ところで、ちょうど自然数がその数において限界がないように、個体は、いくつでおしまいと言えるものではなく、限界をもたない。それゆえ、形相ではありえないと見られている。つまり限界があってこそのかたちである。無限なものにかたちはありえない。それゆえ、個体は、その数に限界が見えないだけに、形相をもつとは考えられないのである。これは個体が何らかの種に属する限りでは形相をもつことと、別の話である。個体である限りでは形相をもたない、という意味は、あくまでも、個体というものを特長づける形相はない、という意味である。

もう一つ、存在論において個体を論じることの意味の無さについて述べておかなければならない。一般に現代の科学で、生命とは何か、という問いに対する答えとしては、生命とは遺伝子の複製（自己増殖）機能であるという答えが基本となる。しかしこの答えによれば、生命の本質は、同じ設計図にもとづく大量生産ということになる。ところで、同じ設計図による大量生産の場合、個体に個性はない。どれも同じ種類の個体に過ぎない。いわば、代わりはいくらでもある、という世界である。同じ種類であることを決定している設計図にあたるのが形相である。そして材料が質料であり、個体は生産される具体物である。したがって現代の生物学においても、個体が問題にされているのではない。個体はあくまでも種を代表する具体物として扱われているのであって、種を代表しない部分は切り捨てられるのである。したがって、哲学が個体を論じることがないとしても、それは科学的であろうとすることから普遍的に生じることなのである。

他方、たしかに無性繁殖する単細胞生物の個体であっても、自分が生まれた水温を好む性質をもつことが知られている。つまりかならずしも遺伝子が同じなら、すべて同じということではないのである。言い換えれば生命的存在には、物質的存在には無いある性格が間違いなくあるのであって、その性格とは、一面では主体性であり、一面では善美を看取する性格である。生命に固有の主体性は善美を看取する性格と表裏一体であって、ただゆがんだ生命のみが善美でないものを看取するなかで主体性を発揮する。したがって生命の具体物である個体は、その主体性の実現形態であり、善美の看取とその追求の実現形態であると言うことができる。

とはいえ、このような性格は物質的な大量生産物には見いだされないとしても、生命の遺伝子という設計図には書き込まれていると言うことができるだろう。自ら複製を作りだそうとするものは、そのかぎりで主体性を発揮しているのであるから、遺伝子のうちに主体性が書き込まれていると言うことができる。善美の追求がこの主体性と本質的に一つなら、善美の追求も遺伝子に書き込まれていると言ってなんら不都合はない。しかし実際には、遺伝子は質料となる材料に出合うなかで主体性を具体化し、善美の規準を具体化している。つまり個体がもつ善美の看取における違いは、「好みの違い」に具体的に現れるように、完全に複製されるものではなく、むしろ個体が善美の看取を追求する中で個体のもつ善美の規準が完成されていくように、設計図が引かれているのである。それゆえ、個体の違いは、個体が具体物として種を代表しながら、つまり種の形相を質料とともに実現しつつ、その一方で、具体物であることによって具体的な世界（それが生きる周囲の世界）との関係において、具体的な善美の規準（個体が出合っている地域世界のもつ善美）を追求することを可能にしているのである。

それゆえ、個体は具体的な善美を語る際には本質的に重要になるが、普遍的な議論では問題にされない。しかしこのように言うと、現実には個体が存在しているのだから、その個体を説明する原理が無い、と言うことは、哲学の無力を示すだけではないかと疑われるかもしれない。しかし哲学は、あるいは、存在論は、普遍的な視野を提供するものであって、個体に注目して全体を見ないこととは反対の極にある。したがって、哲学が説明しようとしているのは何らかの普遍性を示している種的存在であって、個体ではない。他方でたしかに、個体があることは普遍的に見られる現実ではないか、と言われるだろう。これには答えていかなければならない。

ところで、個体は偶然を実現する存在であると言うことができる。なぜなら、普遍はその本質からして必然的であるが、その対となる個体には、必然が存在しないからである。現実の個体が内包する必然は、それが内包する普遍にもとづくものであり、個体性が生じるものは偶然の作用のみである。ところで個体が実現する偶然は、垂直方向の秩序ではなく、水平方向の可能性の実現として現れる。つまり個体どうしの偶然的なむすびつき、分離、ということがらとなって現れる。そして具体的個体が普遍を現象世界において実現しているのであるから、普遍・必然が作用するのも、個体・偶然を通じてであることを考察に加えておかなければならない。つまり個体の関係は偶然に生じるが、それが、個体が内包する普遍どうしの結びつきを生じて、必然の関係を生じるのである。それゆえ普遍の地平が広ければ広いほど、それだけ多くの個体がその普遍を内包しており、必然の関係を生じるので、ある個体が別の個体に出合うとき、普遍の地平が十分広いならば、その普遍的関係はかならず生じるであろうし、他方、普遍の地平が狭ければ、個体どうしの出合いがその普遍的関係にもとづく必然を生じる可能性は、小さくなる。

したがって、もしも自然が用意した必然をもっともよく実現しようとするなら、個体の出合いは十分多くなければならない。そのためには、個体の数が十分多くなるか、あるいは、個々の個体が十分に広く活動を行うことで、出合いの数が十分に多くなるか、いずれかでなければならない。それは個体のもつ活動の自由度に比例することになるだろう。したがって、個体は偶然を実現するが、同時に、自由の実現の可能性を提供する。

しかしこれらのことは、個体が他の個体に出合う問題である。それは、個体がもつ経験の地平にある。しかもすでに触れたことからも察せられるように、それは善美の実現の問題である。それゆえそれは倫理の問題である。しかし善美ないし倫理は、人間が経験を通して「ある」と語るべきことがらの分析にかかわることであるので、その詳しい論述は、つぎの章で存在論を確立することをまって行うことにしよう。

# 第Ⅱ章　パルメニデスの詩とアリストテレス形而上学の検討

## 一　文明と生態系の善美との矛盾

ここでは学が求められている。つまり、わたしはあらたな「存在論」の形成を企図している。そのためには漫然と「ある」と語られるべきものを書き並べているわけにはいかない。やはり分類し、秩序を見つけなければならない。ところで、「ある」と語られるべきものとしてこれまでに見いだされたものは、文明の所産を除いて、わたしたちの周囲に見いだされるもののすべてである。ところで、そこに秩序を見いだすとすれば、それは「善美なもの」にもとづいてでなければならない。なぜなら善美なものを究極の目的として存在が秩序づけられたとき、はじめて良くて美しい存在が全体として見いだされるからである。わたしたちが存在論を形成する目的はそこにあるのだから、秩序の規準として善美なものを見いださなければならないことは、たしかなことである。

それに対して、文明の時代には、表向き善美が語られながら、事実としては経済的打算が秩序を形成している。なぜなら、文明は一定の土地の占有（不都合なものの排除）と、そのなかで繰り広げられる競争によって成り立つものだからである。ところで、文明を発展させる競争とは、本質的に市場の経済競争である。武力が武器によって決まる時代になってからは、経済力が武力となった。そして市場の競争は、すべてを商品化して拡大する。たとえば人間の性の商品化は、実質的に人間の商品化である。このように商品化は市場経済の勢いの強さに応じて、あらゆるものを商品化して進む。そして商品化が進めば、それを扱う市場はそれだけ拡大する。市場が個人の手に余るほど拡大すると、商品の本来的価値である消費の場での使用価値が減少し、市場での交換価値が絶対化していく。すなわち、個人の手に余るほど大きな市場という場が、商品の価値を決定して、個人である消費者が行なう評価は、商品の価値評価に反映されにくくなっていく。こうして交換価値が絶対化していくなら、交換価値を端的に示す貨幣の価値が絶対化していく。

ところで、貨幣の価値が絶対化していくなら、何が起きるだろう。人間はその価値評価を信じて動くほかないのだから、貨幣の大きさに従う行動が始まる。この行動は、「打算」と呼ばれる。それゆえ文明の発展にともなって、生命のみが示すことができる価値が見失われる。ところで、生命のみが見いだす価値とは、「善美」である。じっさい生命のあるものにしか善美の感動はない。ところが市場の発展は、すべてを商品化する。商品化とは物質化である。あらゆるものについて「生きている」ことが無視されていく。それゆえ世界から善美が奪われ、貨幣の量のみが人生をはかるものになっていく。こうして打算が世界の秩序をつくるのである。美しい世界をこわしても、莫大な貨幣量が生まれれば、それに満足する人間が増えていく。それゆえ、市場の発展は人間を破壊するのである。そしてその破壊を端的に示すのが、世界から真の善美が見失われていく事態である。

反対に、人間性の尊重とか、生命の尊重を端的に示すものは、善美の尊重である。ところで、すでに述べたように真に善美なものとは生態系の善美である。生態系の善美（健全さ）こそ人間がそのために誕生し、そのために生きることがふさわしい主題だからである。生態系の善美のために生きることは、言うまでもなく生態系のうちで人間が生きることを価値づける。言い換えると、人間は生態系のうちで生きる余地を自ら生態系に与えるのである。なぜなら生態系が善美を手に入れるとき、そこに生きる人間は、もっとも美しくよい環境のなかで多様な食物を手に入れる機会に恵まれるからである。つまり人間が生態系の善美のために奉仕するとき、生態系は人間を最大限度に養ってくれる。それは人間が自己中心性を放棄したときにはじめて見いだすことができる善美である。

もしも人間が自己中心性を放棄せずに、自己保存、つまり自己の生命の存続を絶対的善と前提するのなら、生態系のほうが人間の善美のために奉仕しなければならないだろう。しかし生態系に奉仕されても、人間には生態系を養う力量などあるはずもないのであるから、結果としてうぬぼれるのが定めである。ちょうど自分は相手を養ううえで無力であるにもかかわらず、ひたすら奉仕されるなら、相手にさらなる奉仕を要求することと以外には何もすることができない人間が生まれてくるようなものである。じっさいに人間は、現代の文明においても生態系に奉仕させながら生態系から受け取るだけであり、生態系を守ることすらできず、そのことを指摘されても、生態系が人間に奉仕するのがつとめだとして当然視しているのである。

このようなとき、人間の口から出ることばは、世界の存在は人間の奴隷に過ぎないという大それたことばであり、ゆがめられた世界観だけである。つまり一方で仲間どうしの友情や愛情のみを善美として賛美しながら、他方、戦争やさまざまなものの収奪、あるいは自然環境の破壊は一部の人間の友情や愛情のためには犠牲になっても仕方のないことがらとして正義のレッテルを貼るという世界観である。ある人びとが殺し、奪う。他方、ある人びとが殺され、奪われる。殺した側は奪った獲得物とともに帰宅し、歓喜をもって迎えられる。勝利者たちは勇気ある人びとと讃えられ、善美の体現者と見なされる。他方、敵は醜悪な人びとであり、殺されて当然であり、奪われて当然と見なされる。敗者は奪われて惨めな環境に置かれ、見るからに醜悪な生活をしいられる。

これと同様に、技術をもった人間は自然から好きなだけ奪い、自然は奪われて、醜いものとなる。他方、人間は奪ったものを使って身綺麗な生活を始め、自分たちは善美な姿であると賛美して技術の進歩に酔う。自己中心性を前提とするなら、これらは正義であると主張される。なぜなら自己中心的であるなら、人間自身が善美であれば良いからである。他のすべての存在は人間の善美に奉仕すべき存在と見なされるのである。

しかし人間自身の善美とはなんだろうか。一般的には、正義、節制、勇気、英知、平静、敬愛、慈愛等が、美徳として数えられる。さすがに着飾ることを美徳に数える哲学者はいない。しかし、着飾ることが、礼儀のひとつとして美徳と見なされることは古今東西に見られる。さらに礼儀が美徳なら、礼儀が前提にしている人間界の秩序も善美と見なされる。こうして国家秩序が正義となり、正義を守ることが美徳となる。そのため、戦争も正義のためになされ、美徳の名が大活躍することとなる。要するに、美徳の名のもとに、殺戮と簒奪が行われるのである。

とはいえ見落としてはならないことは、土地などに対する私有権、あるいは所有権、占有権などの権利の主張である。本来からすれば、土地や海などは、生態系が存在する場所である。さまざまな種に属するさまざまな個体がそれぞれの役割を担って太陽からの光をエネルギーとして生態系を構成している。言うまでもなく、その基盤となる土地や海が誰かのものであるはずもない。

ところがいったん国家が存在するに至ったとき、土地はつねに誰かのものであることが当然と見なされる世界が出現する。そして、これが正義と認められるとき、人間の自己中心性が現実の世界に矛盾をもたらすことになる。じっさい国家間に戦争が起こるのも、国家があってこそなのであるが、国家が構成されるのも、私有権が主張されることによってである。なぜなら土地の所有がなければ、国家も成立しないからである。戦争は、おもに土地の、そしてその付属物についての所有、管理をめぐっての争いから生じる。したがって所有権の主張がなければ争いは生じない。争いがなければ、正義のための戦争はありえない。戦争がありえないのであれば、戦争のときには人殺しをしても正義であり、勇気ある行為と讃えていながら、平和のときに同じことをすれば罪であるという矛盾は起きない。

人間は、個々人の行為の善悪については、客観的に見ることができるのであるが、国家という大きな社会組織が行う善悪は理解できなくなってしまう。たとえば、あるとき、ある人が行っているある土地の占有を、他の人びとが認めるとしよう。個人の場合には、かれがその土地にかけているはたらきを見て人びとが納得する、ということがある。そこには格段の不正は起きない。ところが国家が、それがもつ構成員の協同的力によって土地を占有するとき、その正義は正当か不当か、にわかには判断できない。なぜなら国家は特定の個人ではないからである。それぞれが自分の努力や利益を過大に見積もりがちになる。そして国家という共同の名によって占有権を主張し、やがては所有権を主張して、他者を完全に排除することを正義と主張することになる。しかし、なぜそう言うことが言えるかというとき、ほかの者たちより先に見つけたからとか、先に自分のものだと宣言したからとか、自然状態ではとても納得できない仕方で永続的な占有が主張されるのである。

自然状態では、特定の個人がそれをたまたま先に占有しているなら、その占有が終わるまで他の者はそれを力ずくで奪ってはならないという紳士協定（暗黙の約束）がある。これは生命が共通に持っている共生的傾向から由来する約束である。そもそも占有が起こるのは、その場においてその個体によって生態系における有意義な行為がなされているからである。もしもそれが無意味な占有であるなら、その個体はそこに長くはいられないのであるから占有は短時間で解消する。これに対して生態系のなかで食べる食べられる関係は、一方が生命を失うとしても、それは戦争のような殺しとは別である。なぜなら、ある種の個体を狩る個体は狩られた個体が占有している土地を奪うのではなく、その個体のみを奪うからである。それは土地を奪ったりしない。

他方、自然界のなかで個体が自分たちを維持するために行う土地の占有は同一種のなかで争いを生むが、それは生態系を成立させるものである。なぜなら争いが生じる程度に密に生物がはたらいていなければ生態系は全体の調和を失いかねないからである。争いが生じるほど密であるなら、ある個体が不慮の事故でいなくなっても、その空間をすぐに別の個体が利用して空隙を埋めることができる。したがってこの占有は、人間による占有権や所有権の主張とは異なる。じっさい所有権や占有権は個人を超える国家権力によって永続性を備えるが、自然状態ではそういうことは起こらないからである。たとえアリなどの個体群が個体を超える力をもって土地を占有しているとしても、その力は、おうおうにして他の種の動物からすれば一握りの存在に過ぎない。つまり生態系の一端をになうはたらきを超えることはない。ところが、同じことを人間が行うと、自然の正義の範囲を超えることが起きてしまう。

それが、人間がもつ脳のはたらきの問題である。人間は他のエネルギーや力を、自分たちのために利用する方法を学ぶことができる。人間の脳には、生態系が人間に与えた肉体的な力を超える力を駆使する能力があるのである。言うまでもなく、自分たちのため、という自己中心性がなければ問題はない。つまり生態系の善美のためにそれが用いられるなら、どれほど強力なはたらきがあっても正義である。また、人間が自己中心性をもたずに善美であるなら、それは生態系の一部に共有されている善美であるのだから、生態系全体の善美となんら矛盾することはない。言い換えれば、もしも人間が自己中心性をもたないのならば、人間が自身の善美を求めることは、結果的に生態系の善美に至る。つまり生態系のなかで正しい生き方をして（正義を守り）、必要以上に求めず（節制し）、死を恐れず（勇気をもち）、自然から学んだ知恵を生かし（知恵をもち）、冷静な判断をして（思慮をもち）、他の生き物たちを敬愛し、またときには慈愛をもって接しているなら、それは事実上、生態系全体の善美に配慮して生きることである。

他方、人間が自己中心性をもち、それを権利（正義）として主張するなら、かれは同じく人間である他人の権利に配慮するだけで、生態系の善美にはまったく配慮しなくなる。しかもかれが同じく人間である他者にだけ配慮する理由は、じつのところ自分の権利を守ることは自分の力だけではままならず、共同社会をもって行わなければならないために、共同社会に属する他人に対してだけは何としても仲間でいなければならないためなのである。つまり自分と同族の他人の権利に含まれるものだけは、やはりその権利を侵害することを避けて、そうでないものに対しては欲望をもつことを正義と見なして怪しまない。すなわち、他人がまだ利用していないものについては所有権を主張して他者の利用を排除する。あるいは、悪人と見なした他人が利用しているものについては収奪することが正義であると見なす。なぜなら、他人がもつものを収奪することによって自分たち共同社会全体の持ち分は増えることになり、全体の利益となるからである。そして戦争において、そのために生死をかけることが勇気として賞賛される。しかし、良識をそなえるひとには明白な事実であるが、これは人殺しに勇敢さを認めるということと変わらない。

　ところで、欲望をもつことはそもそも快楽を得ることを求めることである。なぜなら、欲望が感じられないことがらについての経験は快楽にはならないからである。それゆえ、欲望をもつことは快楽を得ることである。したがって、国家の成立によって欲望も正義となるときがあるのならば、快楽も正義と見なされる場面をもつことになる。すなわち、すべてとは言わないが、ある種の快楽、ある種の欲望は、正義であり、善美であると言われる。なぜならそれが同族のものたちにより多くのものをもたらすからである。それゆえ、ここから正義と快楽の矛盾が生まれ、戦争の正義に加えて、ふたたび哲学者を悩ますことになる。なぜなら快楽には破滅に至る醜悪な快楽があり、その快楽を求める欲望を正義と見なすことは、ためらわれるからである。ところが、そのような欲望をエネルギーとして膨張する共同社会は、欲望ゆえの醜さによって勝利をおさめ、繁栄する。すると自分たちの現実の繁栄を見ることによって社会の構成員は十分な思慮なしに、それを正義のあかしと信じがちなのである。

　以上のことは人間が自己中心性（傲慢）をもつことによって起きてくる問題をきわめて粗雑に見渡した結論である。大方の十分な納得を得るためにはさらに多くのことが検討されなければならないだろうが、今はこれで十分に自己中心性が正義などの美徳の議論に矛盾を引き起こすことは明らかになったとしておこう。ソクラテスが正義などの美徳について解決しがたい難問に逢着してしまったのは、おそらくソクラテスが国家の存在を前提にするほかなかったからである。じっさい、ときに法律に反することが正義になることがある。たとえば国王をいただく国家が革命によって国王制度を倒して議会政治をはじめた場合、先の国家にとっては犯罪が起きたのであるが、後の国家にとっては正義が実現したのである。

この種の矛盾は土地の私有に基づく国家の存在をあらかじめ正義であると前提にしなければ、議論はわかりやすくなる。なぜなら国家の成立がそもそも不正であるから、いかなる国家秩序もその制限内のものであって、したがって国家秩序は二次的正義にほかならないからである。じっさい二次的正義であるなら、それはいつも制限内、言い換えれば、何らかの前提（ある国家が正義であるなら、という前提）のもとにだけ正義であると言うことができる。したがって、国王をいただく国家においても、議会制度の国家においても、それぞれの国家を正義とすれば、それぞれの国家が定める法律は正義であるし、他方、異なる国家がそれを不正と断定することも、何ら矛盾ではない。

## 二　存在論と倫理学

しかしながら、わたしたちは二次的正義に則って存在論を構築するべきではない。あくまでも第一次の正義こそが存在論の根拠である。ところで、第一次の正義は、すでに述べたことから明らかなように、文明的価値観による善美ではなく、生態系の善美にあることは疑いようもない。それゆえ、生態系の善美を究極の目的と見なすとき、どのような秩序が存在論の秩序としてふさわしいかを、論じなければならない。それでなければ、真正の存在論はつくることができないのである。

さて、周囲に見いだされるものが人間の身体的存在の原因となるものであるとしても、人工的なものは二義的な存在であることは確認しておくべきだろう。たとえば、家とか、自動車とか、商品を売っている店とか、あるいは金銭などである。なぜなら、これらは人類の誕生の頃にはなかったものだからである。人類の誕生に実質の原因とならなかったものは、少なくとも第一義的存在ではない。たとえ現代の人間にとっては多くの人工物が自然物に負けず劣らず必要と見なされているとしても、人類の存続にぜったいに必要であるとは証明されない。これに対して、人類の誕生時代に周囲に存在したものは、おそらく、その多くが「ある」べきものである。なぜなら、それらを構成員とした生態系が人類を生みだしたからである。したがって真に有意義な存続を考えるなら、その後の人類のはたらきによって絶滅した種もまた、本来なら「ある」べきものである。

今はそのような種は現実には存在しないのであるから、「ある」のうちに加えられることはないのであるが、その代わりをつとめる存在があるのなら、それは絶滅種に代わって「ある」と認められ、なおかつ、それ自身としても「ある」と認められるべきだろう。いわば二重の意味で「ある」のであるが、それがどのような種であるかは、いずれにしろわからない。したがってそれには目をつむって、ただ自然生態系を支えるすべてを存在論の主題ないし基礎と見なして秩序を見いださなければならない。

とはいえ、善美の秩序はわたしたち人間が決めるものではなく、純粋に生態系のなかに見いだすものでしかありえない。なぜなら人間の善美ではないからである。そしてその善美は生命的なものなのであるから、それぞれの地域において、もっとも生き生きと生態系が繁栄するかたちを善美と見なす以外に何も言うことはできないように思われる。乾燥地域、湿潤地域、寒冷な地域、温暖な地域、気候の変化が激しい地域、穏やかな地域、等々、それぞれの地域に適応して生態系が繁栄する。それゆえ、せいぜい言えることは、その地域において、もっとも多様な生物種が存続することができるかたちで生態系が維持されることが、生態系がもっとも善美な状態であることだろう、ということだけである。

わたしたちが注目しなければならないことは、何よりもまず、太陽の光を受ける植物の構造である。もっとも高い位置で太陽に光を受ける葉、それより低い位置で受ける葉、等々、植物がどのような条件で太陽の光を受け、ときには地面にまで太陽の光が直接的に届くことをどの程度容認するか、それぞれの立体構造的割合が生態系の繁栄を基礎づける。なぜなら、太陽の光はまっすぐ進んできても、反射して散り、さまざまな方向に飛び、ときには薄い葉を通過して地面に届くからである。植物を見いだすことができない不毛の地は、この際見捨てるほか無い。なぜなら、そこはおそらく人間が管理すべき場所ではないからである。おそらく、わたしたち人間は期待すらされていない。それゆえ、わたしたちはもっぱら、植物が生える場所に関わって、そこを善美とすることを考える必要がある。そしてその善美は、太陽の光を受けて植物がどのような段階を経て最高潮に達し、さまざまな条件の変動を受け、その変化に対応してあらたなかたちの最高潮を得ていくことができるかどうか、ということにかかっている。そしてこのことは、そこに棲む動物たちの状況とも関連する。

このようにさまざまな問題が考えられるとしても、人間は多様な生物種が棲むことができる生態系を善美な生態系であると考えるほかないだろう。また、多様性を一般的に語ることはできるとしても、具体的にそれを想像することは一般的仕方ではできない。なぜなら、すでに述べたように、それぞれの地域の気候等によって生態系は異なるからである。じっさい個々の場所にかかわってしか、どのように善美が実現されるか、けっしてわからないものである。しかし存在論において求められているのは、個別の具体的な処方箋ではない。むしろ善美に関する理念的な枠である。ところがまた、その善美が地域ごとのものとしてしか現実には人間の能力では理解できないとしたら、存在論ははたして可能であろうか、ということになる。

というのも、存在論を構成するためには、存在の全体を善美にもとづく秩序によって構成しなければならないからである。じっさい西洋のもっとも偉大な賢人ソクラテスの主張によれば、個々の場面において善美を確定することは、ある程度はできるものだし、少なくとも、悪や不正を避けることはできるということであった。しかし人間には、普遍的な善美を規定する能力はもともと無いのであって、それをもつのはただ神のみである、という意見をかれはもっていたのである。ソクラテスの見解は侮りがたい。なぜなら、この人間の限界を理解することが、人間が人間であることを自覚することでもあるのだから、この一線を踏み越えていくわけにはいかないからである。

したがってわたしたちは、人間は生態系の善美を究極の目的として生きることが求められているとしても、普遍的にその善美を規定することはできないので、アリストテレスが行ったような仕方で存在論を構成すること、つまり目的（究極の善美）と、それに至る手段、あるいは過程として存在の全体を秩序づけて語ることはあきらめなければならない。アリストテレスは、目的そのものである存在は不動の動者であり、この不動の動者がその他の存在すべてに自分に向かう運動をもたらすと考えていた。この不動の動者とは、具体的には北極星を中心として巡っている恒星天の天球を動かしている霊魂であった。それはおそらく北極星の彼方（向こう側）にあって恒星天を動かし、その運動のもとに他の惑星が運動し、太陽や月の運動にもとづいて地上の霊魂が生長し、ときに死滅することを繰り返しているという世界観である。こうしてかれは、物理的存在の運動と一致して、宇宙の全体が善美に向かう運動を行っていると見なす存在論を構成したのである。

ところで、物理的運動が善美に向かう運動であると言うことができるならば、物理的運動を研究すれば、それが存在論の研究になる。なぜなら、物理的運動が目に見えないものまで規定している善美の秩序を示してくれると期待できるからである。ところでこのような世界観は、ヨーロッパにおいて古代のみで終わったものではなく、のちに近代においてカントが道徳の原理を語る「定言命法」との類似として星空を語ったことで有名である。「それを思うことがしばしばでまた持続的であればあるほど、ますます新たにまた増大していく驚嘆と畏敬の念をもって心を満たすものが二つある。それは、私の上なる星のきらめく大空と、私の内なる道徳法則である。」（『実践理性批判』、小西國夫著『カントの実践哲学』創文社、一九八一年より）。カントは星空の星の運行に重ね合わせて人間内部の善美を思う気持ちを表現したのである。

つまりアリストテレスにおいては、目に見えない存在の秩序を見いだすために一つの道が開かれているのであって、それは、目に見える物理的運動のさまを研究し、そこから善美（目的）の秩序を導きだし、導き出された秩序を土台にして、目に見えない存在までも議論していくという道である。それゆえアリストテレスは物理的運動のさまを研究して、そこから形相、質料、起動因、目的因、可能態、現実態の諸相を見いだし、これによって目に見えない存在まで含めた存在論を構成するのである。たしかにアリストテレスにとって天空に見られる運動は、近代のわたしたちが考えているような物理的（非生命的）運動ではなく、天球の霊魂という生命の運動であった。生命の運動であれば、それは善美に導かれている運動である。しかしながらその研究は「自然学」の名のもとで総括されるような研究であったために、近代がアリストテレスの自然学を自然科学に変えていく歴史過程のなかで、自然宇宙のなかから生命的な概念が消えたのである。そして言うまでもなく、宇宙から善美の概念も消えたのである。

ところで、この自然学が自然科学に変わっていく過程とは、原因を語るということばによる説明で満足するのではなく、数式による方程式で自然法則を表現することであったことは周知のことであろう。ところで数式による表現は、自然法則というある種の自然の本質表現から生命的なものを追放するものである。「原因」は結果を生み出すある種のエネルギーであり、エネルギーであるものは、生命的・霊的でありうる。しかし数式で表現される「法則」は生命的・霊的なものではない。物体の認識において想像力を混ぜる必要がないように、数による認識には、想像力による幅がない。言い換えれば、それだけ不明瞭になる部分がないのである。生命的・霊的なものの認識のためには、想像力は不可欠の能力である。そしてそれは人によって大きな違いを生じる。古典古代、あるいは、中世に至るまでは、ヨーロッパでも、ものの認識に想像力は不可欠の能力であった。それが近代に入って、自然科学が成功するにともなって、想像力は不明瞭さを生み出すものとして遠ざけられ、数による明白な認識が求められるようになったのである。

あるいは、中世から近代へのこの歩みは、当時の貨幣経済の発達によるところが大きいのかもしれない。つまり物が売り買いされ、物が貨幣という量的尺度によって置き換えられることが多くなるにつれ、物を量として理解することが人々の意識に浸透したことも、自然物を量として理解する傾向を加速したかもしれない。いずれにしろ、自然世界が量によって理解される傾向が進み、それが自然科学の進歩になり、生命的・霊的理解が古臭いものになっていったのである。それにつれ、アリストテレスの理解も生命的・霊的理解を土台としたものから、物質的で数的な理解を土台としたものへと変化したのである。

したがって事実は少々複雑であって、アリストテレスからすれば、近代がアリストテレスを誤解していただけであるのだが、いずれにしろ、かれは広い意味でものの運動を研究するのが自然学であると考えていた。そしてその自然学は、近代では、非生命的なものに関する研究であると見なされるようになった。ところでアリストテレスの存在論はよく知られているように、自然学の上位に置かれるものとして構成されている。かれの存在論が『形而上学』（原語の意味としては、自然学の後に置かれた学）と呼ばれたのも、そうした理由があってのことなのである。

他方、アリストテレスにおいては、人間の善美、すなわち美徳を扱う倫理学は政治学に連なる。すなわち、著作名としては、『ニコマコス倫理学』のあとに『政治学』がある。かれによれば、人間の善美は国家において最大限度に実現されるからである。そしてこの思想は、かれがプラトンから受け継いだものである。プラトンの『国家』を思い起こせば明らかだろう。したがってアリストテレスには問題があるのであって、かれ本来の自然学ないし天体論が生命的なものであるなら、そのうちに見いだされる目的（善美）に向かう運動が人間の善美の研究、倫理学と一貫するものでなければならないはずなのに、かれはそのようにしていないのである。なぜなら人間を含めて全宇宙が不動の動者という目的を目指して動いているとすれば、人間の善美、すなわち、目的も、全宇宙においてこそ達成されるものであって、国家政治において達成されるものではないはずだからである。

わたしは善美を扱う倫理学は政治学に連なるべきものではなく、あくまでも存在論に連なるべきものと考えている。なぜなら、わたしたちは生きることを通じて存在全体の善美に連なるべきだからである。そのときこそ、わたし個人の善美が世界全体の善美に連なり、最大限度の善美が実現する。プラトンやアリストテレスは個人の善美は最大限度に〈国家〉のもとに実現すると考えた。それは〈国家〉という広がりが、人間が生きる広がりのすべてであると、かれらが考えているからである。この視野の狭さこそ、西洋、なかんずく世界の歴史において国家間の戦争を正義とし、国家内の秩序による人間の抑圧を正義としてきたのである。言うまでもなく、これは文明がもっている誤った論理である。国家を正義とすることによって、社会秩序を正義とし、そのていることはけっしてできない。しかしプラトンの対話編がはからずも明らかにしているように、それ自体が矛盾をはらみ、国家を正義と見なすかぎり、正義についての答えを見いだすことはけっしてできない。

というのも、わたしが提示してきた視点からすれば、そもそも国家の存在には不正があるからである。なぜなら国家は土地の所有を抜きにはありえないものだからである。土地の所有は自然の規準からすれば根拠のない行為であり、不正な行為である。それゆえ国家を前提にした正義や善の議論は矛盾を引き起こさざるをえない。したがって政治学に連なる倫理学は自ずから矛盾を含むほかないのである。

ところでアリストテレスの存在論は西洋の伝統哲学となった存在論である。まさに西洋における存在論の正統派である。しかし序章で論じたように、わたしはこの正統派存在論には従わない。それはおおざっぱに見て以上のような理由で間違っているからである。今しがた述べたように、同じことは倫理学についても言える。アリストテレスの倫理学は、やはり西洋倫理学の伝統の一つになっている。しかし、それは国家を正義と前提することにおいて誤っているし、存在論に連なることがないために、人間的善美の追求が存在に根ざすものではないことになっている。とはいえ、このような西洋の存在論や倫理学の伝統に対峙するためには、その一部のみを取り上げて批判するようなことをしていては、いつまでたっても理解が得られない。わたしはいささか遠回りに見えてもこの仕事に関わらないわけにはいかないのである。

## 三 パルメニデスの詩、第一断片

それゆえ、わたしは以下、ほぼ百年の開きがある二人の哲学者の存在論を取り上げようと思う。この二人の存在論が西洋の存在論の主な起源となっていることはよく知られたことだからである。それゆえ、パルメニデス（紀元前五世紀前半）の諸断片とアリストテレスの『形而上学』（紀元前四世紀後半）の最初の部分を取り上げて、まずは存在論を論じていこうと思う。

さて、パルメニデスの諸断片とは、ホメロスの詩表現を模倣しつつ、真理を見いだす道に至るさまを語ったものである。それは断片として伝わり、完全なものではない。また詩表現であるがゆえに、哲学の分析を行うここではその表現のいちいちにかかわる余裕はない。長年の研究をまとめた井上忠著『パルメニデス』（青土社、一九九六年）をもとに、その詩のなかで哲学上重要となるポイントを追いながら、わたしのパルメニデス解釈を示し、その評価を下していくことにしたい。

　まず第一断片に見られる詩によれば、パルメニデスは女神が導く駿馬によって、心がたどることができる最果てまで連れて行かれる。その道は心にとっては暗闇に等しい現世を脱して真理を弁別することができることばに沿う道であり、そのまま真理に至る道である。ただしパルメニデスは、その道自身が語ることばを聞き分けることはできず、かれを連れ行く駿馬が、女神に導かれて進むべき道筋をたどっている。そしてついに光の国に着くのであるが、そこには昼の道（光の国のなかを行く道）と夜の道（暗闇を進む道）を分ける門扉がある。この門扉の鍵をもっているのは、きびしい罰をくだす正義の女神である。パルメニデスについていた女神たちがその正義の女神を説得し、その門扉は開けられる。こうしてかれは、ついに真昼の国に入ってそこの女神にこころよく迎えられたと語る。そして女神から、自分がここまで連れてこられた運命は、悪い運命ではなく、掟と正義のわざによるのだと、告げられる。さらにかれが告げられたのは、女神のみが知っている真理であった。それはつぎのように言われる。第一に、一方に確信をもたらす真理があり、他方に、さまざまな思いこみがある。女神から、これを学ぶべきだとパルメニデスは言われる。第二に、目に見えている現象は本来なら真実であるはずであるのに、実際にはなぜ真実ではないのか、その理由を学ぶべきである、とかれは告げられる。

以上が第一断片である。おそらく全体を導入する序にあたり、全体の素描が最後に述べられている。したがってパルメニデスの存在論の基本的性格を見るうえではきわめて重要な部分である。この断片のなかに読みとることができるものは、第一に真昼の国というのは真理がそのままに見いだされる世界であり、夜の国とは、思いこみのなかで人間が迷いのうちにある世界であること、このように世界が二つにはっきりと分けられる、ということである。第二に、真昼の国と夜の国の間に門扉があり、それを守っているのは正義の女神であること、また、かれを昼の国まで連れてきたのは、掟と正義のわざであると言われていることである。第三に、真昼の国では、真理の世界と思惑の世界を学び、さらに、現象世界のなかで真理が思惑となる理由を学ぶべきであると言われていることである。

第一のこと、つまり世界が二つに分けて考えられていることについては、複雑に混乱する目前の事実の総体を、ひとまず別の相において見ることによって混乱を脱する戦略と受け止めておこう。少なくともこの見方が真実に近づく道なのかどうかは、その結果しだいであって、この方法を取ったからと言って成功が約束されるわけではないことは明らかである。じっさい世界は一つであるか、二つであるか、あるいは、なぜ二つとは言われていないか、その理由は明らかにされそうにはない。

問題はむしろ第二の点である。かれに真理を告げ知らせる真昼の国へ導いたのは、正義や掟であり、真昼の国との境を守っているのは、正義の女神である、と言われている点である。正義の女神について、「きびしく罰する」という修飾語がついているところから見て、この女神は裁きの神であることは明らかであろう。さらに、そこまでの道ゆきを導いたものは、「掟と正義」の二つだと言う。つまりこの二つの語が意味しているのは、社会秩序ないし法律と、それを裏付ける正義の概念である。だとすれば、真昼の国とは、「裁きの庭」に擬せられた場所だと考えられる。

興味深い事実がある。西欧中世の神学者トマス・アクィナス（一三世紀）は、アリストテレスの哲学を中世において本格的に西洋に導入した神学者として著名である。ところでかれの存在論では、「あるかないか」の判断、というものが重要視されている。ここで「判断」と訳されているラテン語「イウディチウム」(iuditium) は、トマス自身の説明によれば、じつは「裁判における発言」あるいは「裁定」という意味を語源としている。すでに述べたように、パルメニデスの「ある」は、女神の裁定を受けて「ある」と言われるものである。したがってパルメニデスの「ある」が裁定の場面の「ある」であることは、アリストテレスを通じて中世においても認識されていたと言えるかもしれない。トマスはアリストテレスにならって自然学的な「なる」を質料形相論において論じているが、他方で、アリストテレスを通じて「裁定を通じた『ある』」の存在論を受け取っていた、ということが言えるのである。

じっさいこの裁きの庭に入る天門は、パルメニデスの詩のなかで「いかめしくそそり立つ天門」と表現されている。この表現は、社会の秩序をきびしく象徴する国家の裁判所を思い起こさせる表現である。それゆえ、パルメニデスが裁判所を「存在」における真偽を裁定する場所として思い描いたことは、ほぼ間違いのない事実だろう。ところで、裁きの庭では、通常の世界から切り離されて容疑者が尋問される。容疑者はかれの生活空間から切り離されることによって、隠された真実を告白させられるのである。したがって嘘偽りの日常世界と、裁きの庭での真実の告白ということが、世界を二つ、と受け取るパルメニデスの世界観をつくっていると推測される。さらにこの尋問を成り立たせるのは、法律と正義である。法律は犯罪の成立要件を決めており、正義心は、犯罪をきびしく罰する精神である。それゆえ、法律（掟）と正義こそが容疑者を裁きの庭へと連れていくのである。そしてその庭の門扉に立つのは、やはり正義の女神なのである。

とはいえ、この裁きの庭は通常の人間世界にある裁きの庭ではなく、死んであの世に行くときに連れて行かれる場所なのである。そのことを女神が「悪い運命によって」ここへ来るのがふつうだ、と言っていることによって明らかにされる。古典ギリシアにおいて悪い運命とは死のことである。つまりここでの裁きの庭とは、わたしたちの言う閻魔大王の前である。

罪を犯している者であれば、そこは恐ろしいところなのであるが、パルメニデスは、言うまでもなく容疑者ではない。とはいえ、そこはやはり容疑者を逃すことはゆるされない場所として、大いなる構えをもつ扉が、通常の生活空間から世界を分けている。その扉の向こうの世界では、もはやいかなる隠し事も、いかなる邪心もゆるされない。パルメニデスもある種の怖れで緊張していることが、断片のなかの巨大な扉の開け閉めの描写が暗示している。しかし扉の内側の世界にいる女神はやさしくかれを迎える。あなたは、死んでここに来たのではなく、むしろ掟と正義とによって来たのである、と。

つまりパルメニデスは、むしろ真の裁判官となるために、掟を学び、正義心にあふれてここへ来たのである。しかも人間が生きている世界におけるあらゆる罪を裁くとなれば、その判断基準は、人間世界を超えるほどのものとなる。パルメニデスは人間世界の通常の裁きに必要な知識、つまり法律を知っているが、それではまったく足りないのである。人間がそれとは気づかぬうちに罪にとらわれてしまう根拠となるものまで見通す力が、死後の裁きの庭では必要になる。それゆえ真の裁判官となるために、真理が成り立つ道と、思惑の道を学び、さらに現象世界において真実が思惑となることを学ばなければならない、と女神に諭されるのである。

いわば神の知識を学ぶことが、パルメニデスに課せられたのである。これは想像を絶する企てである。パルメニデスは女神の諭しとして、以降、その知識を開陳する。

以上が第一断片の内容であるが、最後のポイント、つまり現象世界において真実がなぜ思惑となるか、という点については、以降の断片のなかに、はたしてあるものなのかどうか、言い換えると、現代にまで伝わっているのかどうか、ということについては、よくわからない、とあらかじめ述べておく。古代の資料は、いずれにしろ完全ではありえない。この最後のポイントについては、パルメニデス自身が書き終える前に死んでしまったことも考えられないことではない。また言うまでもなく、比較的早い時期に散逸してしまったことも考えられる。プラトンやアリストテレスが、われわれよりもどの程度完全なかたちでパルメニデスを読んでいたか、ということも、はっきりとはわからない。

推測として言えることとは、プラトンがイデアの分有を語り、アリストテレスが形相に質料が複合されることを語っているのは、あるいはパルメニデスの解釈としてなのかもしれない、ということである。つまり真理が現象世界において思惑に通じるに至る理由として、プラトンの「分有」論があり、アリストテレスの「質料」論があるのかもしれない。なぜなら、イデアも形相もそれ自体としては永続的な真理であるが、「分有」関係を見ようとしない人間には、イデアを分有した個体からイデアはそれ自体として認識されないし、同様に、「質料」との複合を意識しない人間には、形相はそれ自体として認識されないからである。

しかしここでは、パルメニデスが真理の道として語るところだけが問題なのであって、それ以外については議論する場面ではない。わたしたちがパルメニデスを取り上げるのは、かれの存在論にヨーロッパの存在論の起源を認めているからであり、その本質は、かれが真理を語る道として「ある」のみを語るからである。反対語となる「ない」については、真理を語る道からはずしてしまう。かれによれば、語るべきは「ある」のみであり、在ることのみが語られ、考えられるべきなのである。というのも、「ない」が考えられ、語られると、それが「ある」と混じり合い、それによって思惑が生じる、とかれは考えているからである。

このような真理の受け取り方は、じつは特殊なものである。ふつうの真理の受け取り方とは、現象する世界の出来事を、在るものは「ある」と受け取り、無いものは「ない」と受け取ることであるとされる。アリストテレスもこのような真理観をもっている。つまり真理の受け取り方とは、現象する世界を対象としてそれを受け取る主体（こころ）の側の、心構えの問題だと見られる。そして心構えとして、対象を「そのままに」受け取ることが真理の受け取り方であると見るのが通常の説明である。パルメニデスはこれに異を唱えて、「ある」のみを受け取ることが真理の受け取り方であると主張したのである。このパルメニデスの特殊性こそ、ヨーロッパの精神をゆるがし、その後のヨーロッパ哲学を刺激し続けてきた「喉元の棘」なのである。
わたしたちはこの棘を解明しておかなければならない。

## 四　パルメニデスの詩、第二・第三断片

第二断片で、パルメニデスは真理探求の道には二つあり、一つは「ある」の道、もう一つは「ない」であるが、この道は「ない」がゆえに、進むことはできないと語る。その理由としてかれは、「ない」ものは、知ることも、指示することもできないからであると言う。つまりかれは単純に「ない」道は探求が不可能であり、「ある」の道が探求可能であるから、それゆえ、ただこの道のみを進むように言っているのである。たしかに科学的探求は在るものがいかに在るかについての探求であり、それは在るものについてしか進むことはない。事実上無いものを探すのは「宝探し」のロマンに過ぎない。それとても、宝探しを行う人たちは、少なくとも「在るはず」のものと考えているのでなければ、探求ということはありえない。それゆえ、「ない」ものについての探求はありえない、というかれの主張は、それ自体としては反論の余地がないほど確かな

ものである。

しかしながら、真理の探求として「在るか無いか」を吟味するのではなく、「ある」ものだけを探求する道を主張することは、何を意味するのだろうか。

この問題を明らかにするために、かれの探求が「ある」ものに限定していて、「ない」を見捨てていることから起こるよく知られた難問のほうを、その前に考えてみよう。つまり、かれの問題の立て方が、そもそも「ある」か「ない」か、のいずれかであって、在ったものが無くなる、という「なる」という視点をもたないのはなぜか、ということを考えておかなければならない。というのも、まずこのことが問題であって、第一の断片がこのことと関連しているからである。すなわち、第一の断片が告げているのは、パルメニデスが真理を学ぶ場所は、死出の旅路にある「裁きの庭」である、ということであった。ところで裁判において問題になるのは、犯罪があったか否か、ではない。そうではなくて、当人が有罪か否か、である。もともと犯罪があったから裁判が開かれる。それゆえ裁判においては犯罪があったことは明らかであって、問われているのは犯人がだれか、である。そして犯人がだれか、という問題は、容疑者が有罪か否か、という問題である。別の言い方をすると、犯罪があったことが明らかであっても、罪は犯人においてはじめてつかまえられる。犯人が、つまり有罪人がつかまらなければ、罪は宙に浮いてしまう。いずれにしろ問題は容疑者が有罪かどうかが裁判では課題になるのである。

したがって有罪で「ある」か「ない」かが問題となり、「なる」ことが問題となる場面は来ない。つまり裁判では、なぜ容疑者が犯罪者となったのか、ということが第一義の問題となることはないのである。たしかに犯行の動機は裁判で問題になるが、それとても容疑者が犯罪者であることを確定する一つの証拠としてである。それ自体が裁判で問題なのではない。じっさい裁判では、容疑者が有罪で「在るか無いか」の二つが、唯一の選択肢である。それゆえパルメニデスが真理を学ぶ場所、天上の裁きの場では、「なる」ことは議論とならないのである。言い換えると、「なる」を問題から排除することが、すでにこの第一断片、つまり序章の段階で明確にされている。なぜ「なる」が排除されるか、という議論すらないのである。それゆえ、ヨーロッパの存在論において「なる」ことの問題は、じつは存在論の出来からして厳密には論じることができない問題なのである。

すでに指摘したように、プラトンの分有論もアリストテレスの質料論も、真理から思惑が生じるゆえんを説明することはできても、「なる」ことを真理の地平で語るものではない。対話編『ソピステス』によれば、プラトンは動と静止のイデアの分有によって「なる」さまを説明しようとした。これはたしかに存在論の地平で「なる」を説明しようとする試みである。しかし説得力の無さは否定しがたい。なぜなら「なる」ことは、「存在」と「無」のイデアの分有によってこそ説明されなければならないが、「無」のイデアなどありえようがないからである。

またアリストテレスにおける生成消滅と運動の説明は、存在論ではなく自然学の範囲でのみ有効なのであって、可能態・現実態、起動因・目的因による説明は、存在論の内側を構成することはできない。アリストテレスは、これら可能態・現実態説や四原因説という自然学での研究が宇宙論（天体論）に通じることを明らかにしつつ、そこから存在論への道をさぐっている。それゆえにかれの『形而上学』はそれらを用いた「ある」の議論がなされているのであるが、議論が何らかの結論に至っていることはない。つまり「なる」ことがパルメニデスが開いた存在論の地平で議論できることが証明されることは、アリストテレスにおいても、ついになかったのである。

いずれにしろパルメニデスの断片では、「なる」がはじめから排除されている。「なる」の排除は、論理的根拠によってなされているのではなく、女神の名で単純に「宣言」されているのである。それがなぜか、という問題はのちに取り上げる。今はさしあたりパルメニデスの断片へ戻ることにしよう。ところで、パルメニデスの第二断片では、今しがた問題にしたことがさらに明らかにされている。すなわち、「あるかないか」の吟味はなされず、「ある」に邁進することが真理の道として語られている。つまり「あるかないか」の吟味は必要ない、というのがこの第二断片のおそるべき眼目である。そしてその理由は、「ない」ものは、考えることも指摘することもできないからだ、というのである。第三断片では、加えて、「考えられる」ことと、「ある」ことは同じだと主張される。したがって簡略に言えば、「ある」ものは考えられるものであり、「ない」ものは考えられないものなのである。それゆえ、考えられ、指摘されうる「ある」だけが探求の道であると、ここで最終的に宣言されるのである。

## 五　吟味を終えたのちの探求

ところで、アリストテレスのことばにもあるように、「あるかないか」の吟味は、ごく一般的な真理の吟味として理解されている。ある事実が、現実に「ある」かどうか、ということが真偽を明らかにすることだからである。それゆえ真理探求の道を「ある」に限定することは、この常識からすれば、異常である。しかしパルメニデスにとってみれば、「あるかないか」の吟味は、夜の国を通って真昼の国へ至る途上で行われるべきことであって、真昼の国における真理の探求は、その吟味とは別物だ、ということなのである。すなわち死後の世界の裁判では、犯罪者の犯罪は隠し立てすることはできない状態にあって、有罪か否かは、すでに確定しているのである。有罪か無罪かの取り調べは夜の国の裁判では行わなければならない尋問であるが、昼間の国の裁判では不要なのである。したがってパルメニデスが語る女神の裁判は、有罪、無罪がすでに明瞭なうえで行われる裁判であるから、そこで追求されることは、「ある」と確定されていることに尽くされるのである。

じっさい、パルメニデスの断片で使われている「探求」を意味することば〈ディゼーシス〉は、井上忠著の『パルメニデス』によれば、パルメニデスの造語と見なされ、「要求」し「さがし求める」ことを意味する古典ギリシア語に由来している。これに対して容疑者を吟味する場合に「問いただす」ことを意味して使われることばは、古典ギリシア語で〈エレンコス〉であり、また、「取り調べる」とか「尋問する」ことを意味することばは〈エクセタシス〉である。したがって、プラトン哲学の中で両者は同じ意味で受け取られているが、「探求」と「吟味」は、古典ギリシア語において明白に由来が異なっている。じっさいソクラテスが『弁明』において自分が行っている作業を語るとき、かれは「吟味」を意味する〈エレンコス〉と〈エクセタシス〉ということばを使用しているが、「探求」を意味する〈ディゼーシス〉はまったく使っていない。したがってパルメニデスを読むとき、吟味と探求は区別しなければならない。

ところで、吟味することと、取り調べることとを意味する〈エレンコス〉や〈エクセタシス〉ということばは、その由来からしても、裁判の場で容疑者を問いただし、容疑事実を取り調べることを意味している。この場合、容疑者の容疑事実はいまだ明らかではない。つまり、「ある」か「ない」かが定まっていないのである。それゆえパルメニデスが真理の国での真理の探求を語るとき、かれが行う「探求」とは、その種の吟味を終えたあとのことを語っていると考えられる。要するに、まことに「ある」ことが見いだされ、その「ある」のうちでのみ真理が「探し求められる」ということである。したがってパルメニデスが真理探求を行う「裁きの庭」は、けっして通常の裁判の席ではない。あるいは人間が行う裁判の席ではない。女神によるあの世の裁判なのである。それゆえ通常の吟味は行われない。被告の罪は真昼の国の光のもとですでに完全にあらわであり、ただ探求〈ディゼーシス〉のみが残るのである。

これに対してソクラテスが日常の場で行った哲学は、人びとの知の吟味であった。それは尋問であり、取り調べだったのである。それはパルメニデスが夜の国で行われる裁判に属すると見なした作業である。したがってパルメニデスの存在論が意味する「哲学」は、ソクラテスの「哲学」とはまったく異なるのである。一方は「あるものを探し求め」、他方は、「あるかないか問いただす」のである。一方は「ある」のうちをひたすら進み、他方は、「あるかないか」を吟味する。

言い換えれば、パルメニデスの存在論の地平は、ソクラテスの哲学地平のあとに来るものである。つまりソクラテスの哲学は途上であり、ソクラテスの哲学が吟味を通じて真理の国にたどりつき、たどりついた真理の国ではじめて行うことができる哲学が、パルメニデスの哲学なのである。このことからすれば、たしかにソクラテスの哲学はかれ自身が裁判の弁明に際して述べた通り、ふつうの人間の哲学であり、他方、パルメニデスの哲学はあの世の哲学である。

しかしながら、パルメニデスの哲学があの世の哲学、すなわち、彼岸の哲学であることは、かれの哲学が事実としてピュタゴラス学派に属するという言い伝えに合致する。なぜなら、ピュタゴラス学派はきわめて宗教性の強い学派として知られているからである。さらにまた、かれの哲学が数学と天空の事象のみを是認しているかのようであること（かれの後半の断片は天空の現象にのみ言及している）とも合致している。じっさい数学的真理は確実に「ある」と言える真理であり、考えられ、指摘できる「ある」のなかにある。また天体の運動は、永遠的に「ある」ものであり、それゆえ、それもまたひたすら「ある」のうちで探求されるものである。

それゆえソクラテスの哲学とパルメニデスの存在論はまるで別物である。別物であるにもかかわらず、その違いを明確にされずに哲学史の中でも語られつづけてきた。この混同が哲学理解を混乱させる。じっさいソクラテスの哲学は、現に生きて暮らしている人間が自分自身について反省し、自らを見つめ直すに際してきわめて有効であるが、数学的真理探求や天空をはじめとする自然現象の真理探求にはまったく効力がない。他方、現実に「ある」もののうちで探求を進めるなら、数学や自然現象の探求はごく自然に発展する。

言い換えると、パルメニデスの存在論は数学やのちの自然科学を根拠づける哲学なのである。他方、ソクラテスの哲学はごく自然に、道徳ないし人間の美徳に関わる。プラトンはイデア論を通じて両者を総合しようとしたのであるが、この総合が後継者には混乱を生じたと見ることができる。プラトンはパルメニデスの詩の解釈において、パルメニデスが「あるかないか」の吟味を排除していたことの意味を十分に読みとっていなかったのだと思われる。つまりパルメニデスによる「吟味の排除」は、この世を脱してあの世で真理を探求することを意味して、「この世」と「あの世」の隔絶を明らかにしている。そしてこの隔絶は、人間のことばでは総合したり調整したりできる種類のものではないことを、パルメニデスは詩人の直観として述べているのである。

それゆえわたしはプラトンの努力よりも、パルメニデスの直観を買う。「ある」ことのうちを進む真理探求は、「あるかないか」の吟味とともに成り立つものではなく、後者の排除とともに成り立つ道である。言い換えれば、パルメニデスの存在論は、十分な世界の限定によってはじめて成り立つものであり、一般に理解されているように、人間が関わりうるあらゆる世界を総合的に取り上げてその限界ないし根拠をさぐるものではない。したがって、アリストテレスは「ある」と言われる「あらゆる述語」を検討課題として存在論ないし形而上学を企図するが、パルメニデスの直観によれば、それは失敗することを運命づけられた企図なのである。反対に、「ある」をあらかじめ限定することは、真実には、存在論をあきらめることではなく、むしろ成立させ、企図することなのである。じっさい「ある」を「あるがままに」語るとすれば、「ない」ことも「ないがままに」語ることを要求されるだろう。パルメニデスの存在論はこの要求にしたがうのではなく、この要求を拒絶して、「ある」を「彼岸にある」ことがらに限定して探求する。したがって現象世界（此岸）に見られる「なる」を説明しようとしたり、「ない」に言及しようとすることは、パルメニデスの存在論があずかり知らない作業なのである。

それゆえ、わたしもまた、「あるべき」ところの「ある」に存在を限定して存在論を企図する。なぜならわたしが企図している存在論は、生態系の善美を「あるべき」ところの「ある」と見なす存在論だからである。ところで、このことはパルメニデスの真正の存在論から逸脱することではなく、むしろその道に沿うことであり、正統を名乗るべき企図である。なぜならプラトンやアリストテレスのほうが、「なる」も含めた存在論を企図して、パルメニデスの道からはずれた存在論を企図したからである。かれらこそ異端なのである。

## 六　パルメニデスの詩、第四から第八断片

さらにパルメニデスは、「彼岸にある」ことを、「考えられ指摘できることがら」と言い換えている。それは、人間の思考を前提にすること、思考に基づいて存在を指摘すること、そのようになった「ある」だけが、真実に「ある」のだと言うことを意味する。つまりパルメニデスは「あるがままに」を拒絶しているのである。なぜなら対象をあるがままに受け取るなら、思考は対象にしたがって動き、対象に促されてのみ、あれこれの指摘も起こる。これに対してパルメニデスの言は、思考に従って対象があり、対象はこちらからの指摘によってはじめて「ある」と見なされているのである。ここから第四の断片が示される。第四断片でパルメニデスは、「あるがままに」を拒絶して、「思い」を明確に強調する。

じっさい第四の断片でパルメニデスは、「思い」によって「見よ」と語る。けっして見えるとおりに思え、とは言わない。かれによれば、遠くにあるものや過去となったものであっても、「思い」のうちでは、しっかりと「近くに」見ることができるからだと言う。「思考世界」では空

間的距離も時間的距離も消滅する。ここに「ある」ものとかなたに「ある」ものが、あるいは、かつて「ある」と言われたものと現に「ある」ものが、「ある」ものと「ある」ものとの資格のみで結びつけられ、考えられ、指摘される。かつて近くに「ある」ものであったものが、今は遠くに去ってしまっているから、とか、逆に、遠くかすんでいたものが、近くに集まって大きく見える、といった条件の違いはすべて消去されて、「ある」ものが「ある」という資格においてのみ研究される。しかも考えられるかぎり「ある」と言われるのであるから、現に見えている必要はないのである。これがパルメニデスの存在論、すなわち、彼岸の存在論である。

この存在論においては、ものは「考えられるかぎり」で「ある」と言われる資格を得るのであるから、数学ないし幾何学的存在は、まさに「ある」と言われる。しかも、それがそれ自体でつねに「考えられる存在であるかぎりの存在である」ゆえに、人間からの空間的距離とか現在からの時間的距離をもたない点で、純粋にパルメニデスの言っている「ある」と合致する。それゆえ数学的・幾何学的存在はパルメニデスにおいてまさに彼岸の存在を代表する存在なのである。そして「ある」もののうちを進むのみであるから、どこからはじめても、「ある」のほかなく、ちょうど天空の運動のように循環するものであると、第五断片で言われているのである。

第六断片も第七断片も、第四断片までの主張が繰り返される。考えられるものだけが「ある」

であって、「ない」ものは考えられることはないのであるから、「ない」の道は完全に排除すべき道であること、さらに「あるかないか」の吟味もまた迷いの道であること、そしてそれは「なる」についての議論に通じていると推察される。じっさいパルメニデスが女神を通してこの断片で言っていることは、「ない」道を遠ざけろ、「ない」と「ある」の二つの道をいずれも取るのは、迷うだけのことであり、結局は「ある」と「ない」を同じものにしてしまう、という警告である。その意味は、「ない」ものが「ある」ものと「なる」ことについて、議論し、いずれとも決着しないのなら、「ある」も「ない」も同じであると主張せざるをえなくなる（「ある」と同時に「ない」ことが「なる」の説明となる）。しかしこれは明らかに迷いの道である。「ない」ものを「ある」と言うことができる論理などありえない。したがってこのような道をとることを明確に拒絶すべきである、と言われているのである。

第八断片はもっとも長い断片であり、「ある」の道についての最後の断片となっている。したがって、わたしがパルメニデスについて検討を加えるのもこの断片までである。さてこの断片では、「ある」のみが残り、そこには独特の表示が見いだされると言う。ここで表示となるのは、「ある」が独特なものとしてもつ性格である。その性格とは、不生、不滅、全体、完全無欠というものである。すでに述べたように、「ある」からは「なる」が排除されている。それゆえ、「ある」は生じることはないし、「ない」状態に「なる」こともないのであるから、「ある」は不滅である。生じることも滅することもないのであれば、初めもなしに「ある」は、永遠から永遠へと「ある」のみである。また部分があって、一部分が生成消滅することで全体が在り続けていることでもない。そういうことは全くないと言われているのであるから、「ある」は一挙にはじめから全体として「ある」のであり、しかもどこかによく似た兄弟がいる、ということではない。その意味で「ある」は「独り子として」全体であると言われる。また初めも終わりもなく、生成消滅もないのならば、そこには歴史はありえず、過去も未来もない。

「ある」が生成したと言うなら、「ない」から生じたというほかなく、そこにはいかなる根拠も提示できない。それゆえ、少なくとも人は、「ある」の道を取るか、「ない」の道を取るか、二つに一つでしかありえない。また「ある」から「ない」が生じたと言うこともできない。「ある」からは「ある」が考えられるだけである。だからこそ、生成も消滅も、正義の女神はゆるさないとパルメニデスは言う。ところで、すでに明らかにされたように、「ある」と「ない」の二つの道を残しているのは、夜の国をあとにして真昼の国へ突き進む道行きにおいてである。しかし真昼の国との境を守る正義の女神は、「ある」の道だけを選び出している。「ある」と「ない」の二股の道は、捨て去れと命じている。それゆえ真昼の国においては「ある」だけが判決として出される。その理由は、とにかく繰り返されてきたように、「ない」道は考えられることもなく、名付けられることもないからであり、他方の道は、まことに「ある」からである。そして「ある」は、これから後に生じるものであることも、かつて生じたものでもない。なぜなら、これから後に生じるなら、今は「ない」と言わざるを得ないし、かつて生じたのなら、やはりそれ以前には「ない」と言うほかないからである。すなわち、どちらも「ある」では「ない」、という矛盾した論理を主張することになる。矛盾したことを判決することは、天上の女神にはあるまじきことである。それゆえ、「なる」ことは、この真昼の国から完全に排除される。

さてまた、「ある」の全体は等しく「ある」のであって、部分に分かれて優劣があったり、多少があったりすることはないと言われる。なぜなら全体が「ある」に満ちて互いに接し結びついているからである。ここから、「ある」がもつ不動の性格が物体的なイメージを使って表現されている。いわく、「凝結している」、「足かせに縛られて動けない」、「足で大地をしっかりと踏みしめている」、「まん丸い球体に似ている」、「真ん中からすべての方向に均質に力がみなぎっている」と言う。もちろん、これらの表現は詩の表現である。彼岸を語ることばが、此岸の世界から発せられるとき、こうした表現にならざるをえないのは、仏教経典のなかにある浄土の表現にも見られることであろう。

ほぼ以上がパルメニデスによって示された存在論である。わたしはそれを「彼岸の存在論」と名付けておこうと思う。なぜならそれは、死後に出合う女神の裁定によって「ある」と見なされたことがらについてのみ論じられる存在論だからである。生きている間は、わたしたちは「あるかないか」の迷いのうちで、判断を迫られて真理を決定する。しかし死後の裁判では、「あるかないか」のうちから「ある」が女神によって完璧に選び出され、「ある」ことのみが、女神の正義のうちで語られることになる。犯罪を隠し通してきた人間は、そこで、己の隠してきた犯罪の「ある」を真昼の光のもとに暴かれ、真実「ある」とおりにおいて裁かれることとなる。女神の裁判においては、「あった」ことを「なかった」ことにすることはできないし、「なかった」ことを「あった」ことにもできないのである。すなわち「あった」ことのすべてが「ある」の名のもとに探求され、明らかにされて裁かれるのである。

したがって「ある」を通して存在論を構築することは、この彼岸の存在論の伝統を受け継ぐことでなければならない。そしてわたしが提示する存在論は、パルメニデスにとっての「彼岸」の替わりに「自然の生態系」を置き、同じように、かれの「此岸」の替わりに「文明世界」を置くのである。なぜならパルメニデスにとって彼岸の世界は「ある」ほかないものであるように、わたしに言わせれば、自然生態系は人間にとって本来「ある」と言うほかないものだからである。

またパルメニデスにとっての「此岸」は、ものごとが暗闇のなかにあって、「あるかないか」の吟味を必要とする世界であったし、ないものがあるものになる、ということを認めなければならない世界であった。したがって、そこは完全な真理を見いだすことができない世界だったのである。他方、わたしにとって「文明世界」は、土地に始まって、多くの所有を正義として主張する世界である。つまり不正を正義に塗り替えている世界であり、嘘偽りに満ちた世界である。したがって文明世界は、真理を見いだすために、いったんは捨て去るべき世界である。

以上のような理由で、わたしはプラトンやアリストテレスの存在論よりも、パルメニデスの存在論を高く評価する。なおかつ、以上の理由によって、わたしは、プラトンやアリストテレスのパルメニデス解釈を誤りとして、パルメニデスの存在論の伝統を正確に受け継ぐことを宣言することができる。

## 七　パルメニデス以後

パルメニデスによる「彼岸の存在論」が検討されたのであるから、つぎに歴史的順序からすれば、プラトンの存在論、すなわち、「イデア論としての存在論」を検討しなければならない。

　さて、プラトンのイデア論はそもそもの構想からして非パルメニデス的である。なぜならプラトンによれば、イデアは多様だからである。パルメニデスにおいては、「ある」は「ある」でしかなく、「一つ」であるとか、「正義」であるとか、さまざまに述べられるものではなかった。しかしイデアを語るプラトンは、「ある」をさまざまなイデアの名によって議論したのである。かれの『パルメニデス』編自体においても、なんとパルメニデス自らが、「一つ」があるとすれば、あるいは、ないとすれば、という仮定的議論を展開している。それゆえプラトンは、パルメニデスの存在論を彼岸から此岸へと引きつけるために、あるいは身近なものから議論するというソクラテスの論述を取り入れるために、存在論を、多を受け入れるものに変えたと言うべきだろう。プラトンはおのおののイデアに関しては、それ自体であると言って、各イデアにおいて均質性、全体性、完全無欠性を確保している。しかしどのイデアも「ある」という意味で、「ある」のうちに多を持ち込んだことは確かなことである。プラトンはこの点でパルメニデスの存在論を改良しようと企てたのであるが、イデアによる現象の説明において十分な成功を得ることができなかったために、近現代への影響は限られたものになった。

　これに対してアリストテレスの存在論は、歴史的に見て、比較的成功を収めた。それゆえ詳細に検討すべきはアリストテレスの『形而上学』のなかに見いだされる「自然学につづく存在論」だろう。アリストテレスの存在論の特長は、プラトンに引き続いて、プラトンとは異なる方法でパルメニデスの存在論を彼岸から此岸へと引き下ろす試みを行ったことによる。それはパルメニデスが拒絶した「なる」の説明を可能にし、「ある」か「ない」かの吟味を存在論のうちに付随して取り入れるものであった。

言うまでもないことであるが、プラトンの試みにしろアリストテレスの試みにしろ、パルメニデスから見ればどちらも単純に誤りである。言い換えれば、それらは真正の存在論ではない。パルメニデスは、「なる」を排除し、さらに「あるかないか」の吟味を排除するかぎりで、かれ独自の「彼岸の存在論」を唱えたのである。アリストテレスも、「あるかないか」の吟味に関しては、それを思考上のことがらとして実在から排除している。そのかぎりでは、それを存在論の外に置いていると言えるのであるが、「なる」の説明は、実在の説明として排除しない立場をかれはとった。しかしこれを排除しないとすれば、パルメニデスによれば、それはかれの言う「存在論」ではありえない。

したがってあらかじめ「存在論」の名にあたいする根拠は何か、を明らかにしておかなければならない。アリストテレスの伝統によると、それは「ある」と言われるかぎりの「ある」を扱う、というふうに受け取られている。言い換えれば、実在と見なされるかぎりの「ある」である。しかも、アリストテレスにおいて実在と見なされるものには、「なる」、つまり生成、変化が含まれる。しかしパルメニデスを祖とするのなら、存在論とは端的に「ある」を主題にする研究（学）である、と言っておくべきだろう。なぜならパルメニデスは、アリストテレスが「ある」に関わると見ている「なる」ことを排除しているからである。パルメニデスの存在論は、「ある」をはじめて真っ向から主題に取り上げながら、「ない」や、「ない」との関わりを必然とする「なる」、すなわち、変化や生成・消滅、運動というものを捨て去ることによって「ある」を純粋に探求することを唱えるものだからである。この存在論によって支持される学は、本来的には数学・幾何学のみとなる。天体は天上世界を構成しているから、彼岸の存在論に含まれるように思われるのであるが、天体は循環運動をしており、そのため運動という変化を語るほかないゆえに、存在論の真理の道からはずれるのである。

他方、アリストテレスの存在論においては、純粋に「ある」と言われるもの（実体）とともに、とにかく何らかの意味で（従属的に）「ある」と言われるあらゆることが、純粋に「ある」と言われるもの（実体）との関連のもとに、秩序を与えられて取り上げられる。それゆえこの存在論が支持する学は、思考のうちで成立する数学や幾何学、論理学ばかりではない。天文学も自然学も、動物論も、ありとあらゆる学が存在論によってその正当性を支持されてあることになる。つまり変化し、運動する事象のすべてが、アリストテレスの存在論によって認められ、学の対象となるのである。それゆえ、歴史としては、アリストテレスにおいてはじめて、あらゆる学がその位置を与えられて発展することになったと言うことができる。

それゆえ、反対に、もし存在論が「なる」その他の変化を排除するなら、それが支持することができる学は限られたものであるほかない。パルメニデスにおいては、まさにそれゆえに、学に価するのは、数学や幾何学であり、いくらかの色をつけて、せいぜい天文学にとどまったのである。しかしながらそれでは、パルメニデスの存在論に忠実であると宣言した生態系存在論は、やはりあらゆる学を支持することはできないのだろうか。たしかにわたしが唱える「生態系存在論」は、「あるべきある」のみに「ある」を限定する。しかし「あるべきある」に属するものとは、それが「考えられてしかるべきある」であるがゆえに、またそこには論理性がもつ「思考の美」が含まれるがゆえに、第一に、数学的学を支持することができる。さらに第二に、それは今は「ない」ことも、これから「なる」ことも排除しない。なぜなら、「あるべきもの」が今は「ない」なら、「なる」道がこの存在論においては善美だからである。したがって、それはあらゆる学を容認するし、すべての学を「あるべき」ところの「生態系の善美」に向けて秩序づける。つまりあらゆる学が位置を与えられ、進むべき方向性を与えられる。それゆえわたしが唱える存在論は、パルメニデスを超え、さらにアリストテレスを超えることができると予想される。なぜなら、アリストテレスとともにあらゆる学を根拠づけることができるうえに、アリストテレスができなかったこと、つまり存在論と善美論（倫理学）を統一することができると予想できるからである。しかしそのためには、アリストテレスの誤りがどこにあるかを明らかにし、新たな存在論がその誤りを克服できることを明らかにしなければならない。

アリストテレスの『形而上学』（出隆訳）をもとに順を追って検討することにしよう。

## 八　アリストテレスにおける「知恵」の検討

まず第一巻第一章で、アリストテレスは「知恵」と言われるものは、経験的事実の集積ではなく、原因や原理を知り、事実を自明な原理や原因によって説明することができるものだと言う。ところで、原因（元素）や原理（公理ないし基礎命題）は、「ある」ものであり、その結果として説明される事実も「ある」ものであるから、これは「ある」から「ある」へ進む論理である。

それゆえ、パルメニデスの規準からしても、ここで言われた「知恵」は、問題なく存在論である。他方、わたしが唱える存在論においては、人間が生態系のうちに生まれた理由（原理）を明らかにして生態系における人間の存在理由を示し、人間が世界をいかに眺めるべきであるかを明らかにすることを使命としている。それゆえこの存在論もまた問題なく「ある」から「ある」へと説明が進む「知恵」である。

第一巻第二章では、アリストテレスは一般的な「知者」の概念を根拠にして存在論の性格を結論している。それはつぎのようである。（1）個別的なものの認識ではなく普遍的なものの認識であること。（2）感覚認識から遠い認識であること。（3）より少ない原理から説明することができる学であること。（4）よりよく原因から説明できること。（5）最大限度に知るための認識であること。（6）自然全体における最高善（第一目的）を知る学であること。以上である。

第一条件から第四条件までは、存在論が原因や原理を知り、それによって事実を説明できる学であることから、至極当然に結論されることである。ただし第一条件で述べられていることは、個別的なものを認識しないのではなく、個別的なものを普遍的なものによって説明できるために、普遍的なものの認識がこの学に属する、という意味である。実在は個別的に現れるのであるから、個別に関わることができない普遍なら、それは実在ではない。それゆえ、普遍的認識が求められるとしても、それが実在であることは、個別的事象をよく説明できるかどうかにかかっていることは、言うまでもない。

これと関連してアリストテレスが第五条件にしているものが少々問題である。なぜならかれは、当時の奴隷制度の影響か、この条件を説明するに際して「知らんがために知る」ことは王者的であり、効用に関わることは奴隷的であると見なしているからである。すでに説明したように、現実の個別的なものに関わることができるものが実在であるから、効用性をもたない普遍的なものの認識は実在の認識ではない。人間が個別に出合うものについていかに普遍的な認識をもつことができるかが、学の卓越性なのであって、個別に関わらないのが学の卓越性ではないからである。それゆえ、最大限度に知るための認識である、という条件は、最大限度に普遍的に実在に関わりうる認識である、に変えるべきである。言うまでもなく、実在に関わると言っても、それは認識であって、実際行動ではない。それは個別的なものに対する実際行動を指示することができるが、行動そのものが存在論になるのではない。それゆえ、ここで言う最大限度に、の意味は、実際行動に近いことを意味して言われているのではなく、その普遍性について言われている。したがって、この条件は第一条件に飲み込まれると解釈して削除するのが最良であると考える。

第六条件に関して言えば、アリストテレスは第一天球の霊魂を不動の動者と見て、それが自然全体の第一目的であると、『形而上学』第十二巻で結論している。しかしながら、北極星を中心とする天球の循環運動を第一目的とする意味は判然としない。アリストテレスの説明においては、各実体が、人間という実体を含めて、それぞれ目的因をもっていて、その目的のために動いている、というほか具体的なものは何もない。つまりそれぞれの実体の目的が何であり、それがどのように第一の目的と関わるのか、まったく言及がないのである。したがってアリストテレスは、自然全体の目的を見定めることが存在論の使命であると主張していながら、現実には、第一目的のみに言及して、下位の目的との関係をつぶさに明らかにする、という仕事を果たしていないのである。ことに第一目的と人間の生きる目的との関連が明らかにされていないことは重大な欠陥である。それゆえかれの存在論は、その目的を十全に果たすことができないでいる、ということは明らかである。

この条件に関しては、わたしが提唱する存在論は生態系の善美を第一目的とすることによって、人間を含めて諸生物種の行動、はたらきを秩序づけて説明することが可能である。言うまでもなく、現在の文明人が示す大方の行動はこの規準に照らして言えば「醜いもの」である。しかしそれは実在に照らして醜いことが明らかにされるのであるから、真理である。したがってわたしが提唱する存在論は、今現在の状態を良い状態として説明する学ではなく、真理に照らして「あるべきある」を明らかにする学なのであるから、これは当然の帰結である。いずれにしろ生態系が成立するさまざまな条件下でこの存在論は十分な使命を果たすことができる。

しかしながら、わたしが提唱するこの生態系存在論は、天体の運行まで説明することはできない。なぜなら、生態系のほうが天体の運行によって成り立っているからである。ただし、生命のはたらきは、次元を超えたはたらきであることによって、天体運動の次元とは異なる目的秩序をつくりだしている。それゆえ、天体の運行によって地上の生態系ははたらいているが、目的秩序に関して支配されているのではない。つまり月や太陽の運行は、地上の生態系に基礎条件として取り込まれているが、しかしそれは生態系が成り立つための条件であって、生態系の善美を月や太陽の運動が支配しているのではないし、反対に、生態系の善美のために月や太陽の運行が調整されるわけではない。他の天体はおそらくさらに関係が薄い。

それゆえこの生態系存在論は、まずは地上の生態系が関わるかぎりにおいて「あるべきある」を見定め、その中で目的（善美）の秩序づけを成し遂げることができるだけである。しかしながら、この仕事は、人間が人間であることに限られる範囲で最高の仕事であることは明らかである。なぜなら人間は全宇宙を統べる神ではなく、地球上の生態系のうちに生まれた種のなかで、特別に生態系の管理にかかわる生物種であるからである。それゆえ、自己に与えられた範囲で最高の学が生態系存在論であるなら、この存在論は十分に人間にとっての存在論として、その使命を果たすことができる学であると結論できる。他方、アリストテレスの存在論は、彼岸の存在論ではないにもかかわらず、自己を神の精神と取り違える誤りを犯している。というのも、アリストテレスの存在論が示す「不動の動者」とは、理論的考察をつづける「哲学者」のようなものだからである。つまりアリストテレスの不動の動者とは、「思惟の思惟」と言われるもので、行動から離れた純粋思惟を言っているからである。

言うまでもなく、不動の動者と哲学者の類似は、イメージの類似に過ぎないが、案外に哲学的構想というものは、哲学者自身の生き方を最高のものとして示す傾向をもつ。これは皮肉めいた主張であることは認めよう。しかし、人間の限界が哲学者にもあることは否定できないことである。したがってわたしが示す生態系存在論も何らかの限界があろうことは認めつつ、アリストテレスの存在論を批判的に乗り越える主張をしなければならない。そしていかなる点で乗り越えているか、と言えば、生態系存在論が進化論の検討を経て、人間という種が本来もっている力を見定めることから出発していることを挙げよう。これこそ生態系存在論がアリストテレスの存在論に対して卓越している点である。

とはいえ、この存在論は「あるべきある」を見定めるという規準によって、アリストテレスの存在論と同じように、数学的研究を支持する。なぜなら、それは思考上の論理を示し、「基本の公理がこれこれなら、こうであるべきであるもの」を明らかにするものだからである。したがって数学的研究が天体の諸性質を取り込むなら、天体の研究は数学的構造のうちで研究されることになる。それゆえ天体の研究は、目的因をもたない様態において生態系存在論に付属すると言うことができる。

なおまたアリストテレスはこの第二章で、哲学の初めとして「驚異すること」、また「無知を自覚すること」に言及している。しかしながら、かれはこれら自体が知恵に属すると見ているのではなく、知恵を求める端緒としてあげている。じっさい「驚異すること」も、「知識の吟味」も「知性の吟味」も「無知の自覚」も、「あるかないかの吟味」も、存在論に直接属するものではなく、存在論を見いだすために必要な端緒であり手だてである、という理解が正当であろう。言い換えれば、存在論はさまざまな吟味の結論として手に入るものであり、したがってその吟味は、存在論のための議論という名目でのみ存在論のうちに迎えられているのである。ただし結論として与えられる存在論の理解のためには、その手だてとなった議論を知ることが不可欠であることはたしかなことである。それゆえ、さまざまな吟味は存在論と切り離しがたくあると言うべきだろう。したがって、今ここで行っているアリストテレスの『形而上学』の吟味も、言うまでもなく、新たな存在論を理解するために不可欠の議論である。言い換えれば、真正の存在論を見いだすための途上にある議論である。

## 九　アリストテレスにおける四原因の検討

第三章以下で、アリストテレスは原理となる四原因を検討する。この四原因は事物のはたらきを構成する四つの要素である。(1)実体・形相・本質「もともと何であったか」。(2)ものの素材ないし質料。(3)ものの運動が始まる原因としての起動因。(4)ものの運動変化の目的(善)となる原因、すなわち、目的因。

物体的事物ないしそのはたらきを知るために、どのような原理が用いられるのがよいかということに関しては、現代のわたしたちのほうがアリストテレスよりはるかによく知っている。じっさい、より少ない原理によってより正確に事物やそのはたらきを説明することができるからである。百前後の原子の種類は宇宙を構成する元素として数え上げられているし、それをさらに構成する要素についても分析が進んでいる。完全な答えが出ているとは言えないにしても単純な物質的な事象については無限を扱うこともできる数学の力によって宇宙大のことが理解されはじめている。それゆえ、このことについてはアリストテレスに範を求める必要はない。わたしたちに言えることは、数学が具体的に示すことができる論理性が宇宙大の事象を理解するうえできわめて有効である、ということである。

そしてわたしたちは、自然科学の発達によって宇宙の物質的元素は、それ自身のうちに運動するエネルギーを含んでいるものであって、それゆえ、それについては特別に起動因を設定する必要はないことを理解している。たしかに数学的モデル計算がなされるとしても、そのための基礎的数値は、物質の基礎となる元素についてさまざまな条件下での観測がなされ、それが資料として必要になる。しかし基礎研究を通じて数学的構造式ができあがれば、物体的事象については満足できる理解に達したと言うことができるのである。それゆえこのようにしてできあがった構造式を形相と見なすなら、他方で、宇宙のなかでその構造式によって表現される物質がどこにどれだけ存在するか、という具体的な時空的位置や分量を質料と見なすことができる。すでに述べたように、運動のエネルギーとそれが向かう方向性はその構造式と質料に含まれている。したがって目的因も別に設定する必要はない。それゆえ、物理的宇宙の説明のためには、形相因と質料因だけで十分である。

物理的宇宙を理解するためには起動因と目的因は必要ないという結論は、生態系存在論が目的因の秩序から物理的宇宙をはずすことと合致する。たしかに太陽からのエネルギーは、生態系にとって起動因として関わるが、それは生態系が物理的宇宙とは異なる仕方で太陽光を受け取ることから生ずる。それは生態系存在論が地上の生命界を特別な仕方で理解し、論じることと対応しているのであって、むしろ生態系存在論が現代科学の成果と矛盾しないことを明らかにしている、と解すべきである。

さて一方で、生命の理解については現代科学はいまだ十分な成果をあげていない。生命は人間の科学技術の手が届かないほど複雑で繊細な分子構造をつくりだしてきているからである。数十億年にわたる歴史が積み上げてきたものを一朝一夕に理解できなくとも不思議ではないのか、それとも、生命の複雑化の歴史は、物体的な宇宙が単純な構造の展開として理解されることに対して原則的に合致しない方向性をもつものなのか。これは簡単に答えが出せない問題である。しかし、いまのところ生命理解については科学の発達が十分でないゆえに、生命についての存在論が必要なのか、つまり科学の未発達を暫時埋めるために存在論が必要なのか、それとも、科学の方法論がもともと生命理解にはけっして十分ではなく、端的に「存在論」が生命理解に必要なのか。いずれが事実か、その答えを今の段階で出すことはできないかもしれない。しかし、わたしは後者であると予想している。その理由を述べることは生態系存在論がどれほど生命理解に有効であるかを証明することでもあるので、この著作全体がその答えとなる。

現代科学による生命界の理解は、物理的宇宙の理解と同じやり方で試みられている。科学としてはほかに方法をもたない。したがってそれは目的因の説明をともなわない説明となっている。しかし複雑化の過程をたどっていく生命の進展は、物理的宇宙の展開の理解には無い要素を原因ないし原理として加えなければ、納得のゆく説明はできないと思われる。そうでなければ、なぜこれほどまでに複雑化し、多様化するのか、物理的宇宙が数十億年の間に行ってきた進展の仕方と比べてみれば、その異質性、特殊性は明らかではないのだろうか。じっさい、それは熱エントロピー増大の原理との矛盾によって十分明らかになっていることである。

ほぼこのような理由によって、わたしは生態系存在論のうちに目的因を受け入れる。それは生命自身が求める特殊な美のかたちであり、それは具体的には、それぞれの条件下での生態系の善美、多様性の美というものである。この目的因は、多様化の方向性と、共生の方向性とともに、適度に（遊びのように）競争原理を含ませることによって、それぞれの種が自分たちの生きて認識することができる範囲に、たびたび善美を見いだすことが可能となる性質をもつ原理でなければならない。生きることと善美は、生きることが、善美を目指すことができるかぎりでありえるものであり、なおかつ、善美が、生きる者にだけ認識されるものであり、生きるものに生きることの意義を唯一教えるものである、という仕方で互いに合致する関係にある。

それゆえ、善美の規準を物理的なものに求めることはできない。それはまた、物理的現象を説明できる数学的構造式ないし量によって表現することもできない。生命的直観だけがそれを支える。言い換えれば、善美の直観だけが生命の理解に必要な認識となるのである。しかも、生命だけが理解する善美は多様性の美であるから、単純化されたなかにある美は真実の美ではない。文明人が単純化された美しか認識できなくなっているとすれば、それは文明による人間精神の非生命化を示すのであって、美の認識の進歩を意味するものではない。

したがって、現代科学が物理的なものにしか通用しない原理をもつだけで、生命に通用する原理を持ち合わせていないのに反して、アリストテレスが示した四原因は生命界の理解に通用するものであると見ることができる。ただし現代の科学による成果を十全に取り入れることは前提になるので、形相や質料、ならびに起動因の理解については、柔軟な理解に変える、という言い方をしておこう。何が形相で何が質料か、ということよりも、種がどのように定義されるか、ということのほうが、重要だからである。なぜならその定義によって各種の生物が認識されることになるからである。たとえば人間を定義して「理性的動物である」と述べることは、生態系存在論から人間を定義することにはならない。なぜなら「理性的」ということばは、生態系における人間の役割やその出現について明らかにするうえで十分なものではないからである。人間が生態系の善美に奉仕する役目を担っていることについては言う必要がないが、人間がもつ能力は、多種多様な生物種の生態系における調整を、地上において成し遂げるものである。そのためには多種多様な生物種に対する共感的能力と、生態系全体にわたる種々の配慮能力を特別にもつ動物として、人間を定義する必要がある。理性的ということばにそうした意味を込め直すか、あるいは、「諸生物種への共感・配慮的地上二足歩行動物」と定義を変えるか、いずれかであろう。人間にもっとも近いと言われるチンパンジーなどは人類との関連から「樹上性類人猿」という定義になるだろう。他方、ゴリラは「森林地上性類人猿」である。

いずれにしろ各種の生物の形相・質料は、それぞれの種の定義に関わる。そして定義は、種の生態系における役割によって示されるべきである。また役割はその種が存在する目的を示すのであるから、種の定義は、いずれも生態系の善美（目的）に連なることが明らかでなければならない。しかしこのような定義を得るためには、今のところ科学の研究はまったく不足した状態にある。生態系存在論が生態系を構成する主だった各動物・植物種の定義を、このような観点からあらたに得るためには、いまだ多くの年月が必要と思われるが、そのような研究を導くために、生態系存在論が必要であるという逆の関係もある。いずれにしろこのような観点から種の定義が生まれてくることによって、生態系についてのわたしたちの認識も真にあらためられるのである。

アリストテレスにしたがえば、一般的に形相は本質を示す徴表であり、生物においてその本質はその姿形とそのはたらきにあらわれると考えられる。種のうちでの個体差は質料における違いであるが、質料はまた定義の「類」にあたる側面から取られている。たとえば、人間で言えば、動物の一種なのであるが、動物であるという側面は、他の動物種と共通の側面であって、それは質料にあたる。生態系自然学の立場では、動物であるとは、植物に依存し、植物を管理し、植物との共存を根本にする生物種である、ということである。他方、その精神的はたらき及び形態的能力において、人間という種が他の種との間にもっている差異があらわれるので、この差異の部分が形相である。人間という種が類似種との間にもつ差異とは、一定規模の生態系（森林）の管理を受け持つことができるだけの精神的能力をもつ種である、ということである。ところでアリストテレスが知らなかった進化説に従う種の成り立ちからすれば、人間を定義する場合、もっとも近い類は「サル類」であると考えられるのであるから、人間はその形態的特長から言えば「地上性二足歩行ザル」であろう。つまり種々のサルと共通の多くの精神的形態的共通点、すなわち、おもに樹木との関係をもつ性質をもちながら、他方で、またいくつかの差異をもっている種として人間を定義すべきなのである。

じっさい、このような定義を嫌ってヒトをサルからことさら分けて考えようとする傾向は、人間をことさら優越的に見なす西洋の文化的影響なのであって、科学的な思考から来るものではない。もちろんわたしは、人間という種は他のサルや類人猿とかなりの差異をもつに至った種であると理解している。それは海洋性の動物の特長を併せ持つに至っているからである。じっさい人間は海洋性の栄養物も好んで摂取する。しかしそれでも、人間とサルとの距離のほうが人間とクジラ類の距離よりも一層近いと判断している。たしかにクジラは完全に海に戻ったほ乳類であるのに対して、人間は海に半歩入りながら地上に戻ったほ乳類である。その意味で、人間を「地上性海産ほ乳類」と呼んでクジラとの類似性を示すことは、まったく無意味だとは思わない。じっさい、それがクジラ類に対する人間の、あるいは、クジラ類が示す人間に対する親近感としてあらわれている。しかし、人間は地上の動物種であるという種の距離からすれば、やはりサル類のほうが近いと考えるべきだろう。

とにかく質料を形相との対比で考えるのは、他の種との共通性を受け止めるためであり、差異のみに注目することから優越性のみを強調する偏向を抑止する効果がある。それゆえ、生態系存在論においても、形相と質料は一組で使用すべきだろう。他方、起動因については、その効用は限られている。というのも、生物の理解にとっては目的のほうが重要であるし、生態系存在論にとっても、最重要の課題が目的因の具体的解明にあるからである。起動因については、しいて言えば、太陽光からのエネルギーの流れの分析に関連させることができるが、生物種は自分が得たエネルギーを自分の目的に向けて用いるのであるから、やはり目的因の重要性のほうが大きいのである。

以上で、アリストテレスが示した四原因の説については対応を明らかにした。またわたしはその中で、数学的存在の研究がその対象の性質上、目的因や起動因を含まないことも明らかにした。さらにその研究を天体等の具体的なものに適用する際にデータとして組み込むものは質料であるということから、数学的存在はそれ自身としては、さらに質料を含まないものである。したがって数学的存在は、純粋に形相的存在と理解すべきであることも明らかである。ただし、アリストテレスとは異なり、形相がただちに目的因をもつという理解はしない。目的因は生命のみが独占的にもつ性質であって、数学的存在には認められないものである。それゆえ数学の研究は形相の研究であるが、それが目的を教えてくれるということは全くない。したがって生態系存在論においては数学の研究は純粋に形相の研究として位置づけられる。そして数学研究の意味はアリストテレスやプラトンにとっては「イデア」の研究であったが、生態系存在論にとっては、あくまでも存在論の一端を担う研究であって中心を占めるものではない、と位置づけられる。

言うまでもなく数学的存在は純粋に形相であるがゆえに、ある種の美が認められる。それは人間の精神を魅了する。精神を魅了することは生命の一端を魅了することでもある。しかしながら、それは本来的に言えば、目的因をもつことの徴表ではない。あくまでも数学的存在がもつ論理性（形相性）は、生命がもつ目的因に従属するための論理性である。すなわち、生命がもつ本来の目的因に従属することを論理性が目的としている。つまり数学が示す純粋な論理が、生命の目的が示そうとする論理性の一端を雑音なしに明らかにすることによって、人間精神が魅了されるのである。したがって多くの人が数学的存在の美に感嘆しているとしても、それは数学的存在が本来的に目的因を有することを証明するものではない。

数学研究に関しては、アリストテレスは第三巻の難問の列挙においても、存在論の研究の一部かどうか問題にしている。かれは特に公理の研究を問題にして、これは実体の研究と同様に存在論の研究に属するか、と問うている。この問題の解決は、存在論が「あるかないか」の吟味を含むとされるなら、自明のことだろう。そもそも第一の学を除けば、どの学の基礎公理も、それ自身の学のなかで検討され尽くすことはできないのであって、かならず、より普遍的・共通的学の立場に立って検討されるほかない。したがって数学の公理も、哲学的ないし存在論的吟味の対象となる。とはいえ、数学的公理の研究は目的因をもたないのであるから、生態系存在論の第一の研究対象である生命的存在と同等に対象になるのではない。すくなくともこの点では、われわれの立場はアリストテレスとは異なるのであって、幾何学に学問の範を求めたかれの立場とは一線を画するのである。

しかしながら注意しなければならないことは、われわれが提唱する新しい存在論は、生態系の善美を具体的には中心課題としてあげているゆえに「生態系存在論」という名をもっているが、より一層明確な名は、「あるべきあるの存在論」である。すなわち、何が「あるべきか」という問いから、思考上の存在として数学的存在が現前し、実在上の存在として生命的存在が現前する。これらに対して物体的存在は質料と見なされ、「あるべきある」から見るとき、二義的なものとして扱われる。すなわち、数学的存在は純粋な形相存在であり、生命的存在は目的因をもつ形相存在である。したがって、「あるべき」は、「形相」の性格にもっとも普遍的に対応している。そして目的因を含めた「あるべき」の意味では、ただ生命的存在のみが「あるべきある」を決定することができる。そしてそれは生態系の善美に合致するのである。

## 十 アリストテレスにおける実体の検討

しかしながら、新しい存在論の姿を明らかにするうえでより一層ふさわしい問題は、アリストテレスが実体と属性の諸相を展開する場面である。すでに述べてきたように、アリストテレスの主要な誤りは、天体を生命的実体と見なして目的因を認めることにあった。天体運動の研究と密接に結びついていた数学研究がそのために生命的実体研究の一種類と考えざるをえなくなり、種々の矛盾が噴き出している。これがアリストテレス存在論のネックなのである。すなわち、数学研究は明らかに量的属性の研究と考えられるべきであった。ところが、数学的存在を実体と見なそうとする傾向をかれは完全には否定できなかったのである。

かれはその理由を、実体は「離れて存在する」という古い定義による、と述べている。そして言うまでもなく、離れて在れば、混同することなく「これ」と指し示すことができる。天体は生成消滅を繰り返す地上的物体から離れて存在するし、数学的存在も精神的存在であるから物体的存在から離れて存在する。それゆえ、やはり実体と言うべきである、ということである。これらいずれの存在も、「離れて存在する」ことを認めることができる。なぜなら天体の空間的距離はそう述べるのに十分であるし、数学が宇宙から離れて思考世界に在ることも、離れて在る、と述べるのに十分だからである。

ところが、生態系のほうは、「互いに結びついて在る」と言うべき存在である。そして言うまでもなく生成消滅のただ中にある。それゆえ、アリストテレスの規定にしたがえば、生態系は実体ではないし、生態系を構成するもの（構成要素）も、実体ではない。

ところがアリストテレスは、実体の定義として、「離れてある」ことだけでなく、「他者によって動かされるのではなく、自ら動き他者を動かすもの」という性格も実体の性格としている。というのも、アリストテレスは、動物や植物が実体であることはすべての人々によって一般に認められていると言っているからである。ところで、アリストテレスのこの規定にしたがえば、生物種はどれも実体である。しかし、生物どうしの関係が実体となる生態系は、アリストテレスによれば、実体と見なすことができない。しかし生態系は個々の生物ないし、生物種の関わりの中にある。つまり生態系は「関係」を本質としている。このようにアリストテレスの規定にしたがうと、生態系存在論における何が実体で何が属性なのか、わからなくなってくる。それゆえわたしの立場は、アリストテレスの規定にそのまましたがわずに、「あるべきある」のうちで他からの独立性の強いものを実体と呼び、それに帰属すると見られるものを属性と呼ぶ。それゆえ、わたしは新しい存在論において、生物種の研究、及び、これに関連する生態系の研究は、実体の研究であるが、天体ないし数学の研究は属性の研究であると主張する。なぜなら、個々の生物はある程度の独立性を示して自ら運動し、生物個体の関連から生態系を構成しているからである。そして、すでに述べられたように、天体はこの生態系の視点から眺められて研究されるべきだからである。

しかし、アリストテレスを何にも増して悩ませていたのは、かれが生まれるより古い時代においては、哲学者たちは普遍的で共通的なものより、個別的で具体的なものが原理であり、実体であると考えていたが、アリストテレスの頃には、むしろ普遍的で共通的な類などが、原理であり実体であると考える人が多くなっている、ということにあった。つまりアリストテレスが生きた当時、すでに考え方に大きな変化があったのである。しかしながら、原理や原因は、本来、説明のための原理であり、または説明の根拠ないし基礎となるものであって、世界を理解するうえで基礎となるもの、という意味での「実体」ではない、と考えるべきだろう。たしかに世界や存在が思考上のものとするなら、説明は思考から出発するゆえに、より普遍的な類が実体であり原理であることになるだろう。ところが現実には、世界が実在であり、それを説明するために原理がある。そうであるなら、実在の基礎と認められるべき実体は、「説明する側にある原理」とは異なり、「説明される世界の側にあるもの」と見なさなければならない。それゆえそれは、普遍的なものではかならずしもないだろう。むしろそれは何か具体的なまとまったものでなければならない。すなわち、わたしたちの精神の外に広がる宇宙の側にあって、具体的にまとまりをもって「ある」と言われるもののなかから、「実体」を選び出さなければならない。

ところで、わたしたちは、個々の具体的なものを学のうちで語るのではなく、やはり種としてのまとまりで語るほかない。それは学であるために必要なことである。それゆえ、「実体」として取り上げるものは、種であるか、あるいはときに個物であっても、何かわたしたちの生態系にとっては唯一無二であるような大きな永続的な個物、たとえば月とか太陽とかになるだろう。そして月とか太陽がそうであるように、生物のみではなく、生態系に必然的に関わる物体も、「実体」として受け取るべきである。そしてそうであるなら、実体という概念が「世界のなかで実在的にまとまりのある何か」という漠然とした概念・定義であったとしても、この新たな存在論が現実にわたしたちの世界観として成立してわたしたちの生き方を決めていくためには、ふさわしいということになる。

「実体」について、わたしがいくらか漠然とした定義を認めるのは、生命であるわたしたちの感覚を重視するからである。すでに述べたように、もっとも重要なことは生態系の善美である。

そしてそれは生命によってしか感得されない。それゆえ、それを担う実体について数学的厳密さを求めるのはまったく無意味である。実体がもつ属性、たとえば性質や分量については、形相を当てはめるように、数学的構造が仮定されて研究が行われ、厳密な正確さで理解が進むこともあるだろう。しかしながら、同じく実体の性質に分類される善美については、そのような研究はきわめて困難になるだろう。なぜなら、すでに述べたように、目的因のはたらきは生命に特有のはたらきであり、善美はそのはたらきとの関連なしにはないと考えられるからである。そして生命実体の研究が最大の課題とすべきは、この善美についてなのであるから、実体の研究は数学的研究によって完全に成し遂げられる可能性は、おそらくないと言うことができる。（ただし、何についてであれ、数値を見ることは研究の手がかりとしてはつねに不可欠のものである。善美について困難になるのは、その形相となる構造式が一般的に与えられると期待できるかどうか、疑問である点にある。）

ほぼ以上のような理解において、アリストテレスと同じように、「存在はさまざまにあると言われる」ということをわたしも言うことができる。パルメニデスは「ある」のうちに多を受け入れることを拒絶したが、わたしは多を受け入れる。その理由は、わたしの主張する存在論の「ある」が、ただの「ある」ではなく、「あるべきある」だからである。パルメニデスが示した、ただの「ある」は、「ある」のほかない。それは不生不滅である。しかしわたしが主張する「あるべきある」は、「あるべきでないある」を前提しており、「ある」ことも「ない」こともあるなかで「あるべきある」を目指す。言い換えると、現実における「ある」ものと「ない」ものを研究吟味しながら、「あるべきある」、言い換えると「善美をともなうある」を見いだして、それを求める存在論がわたしが主張する存在論である。それゆえこの存在論は骨組みとしては単純であるが、その内容はきわめて多岐にわたる豊かなものである。あらゆる分野で「あるべきある」が見いだされなければならない。数学、文学、生物学、心理学、等々。わたしたちはそれにともなって諸学問も変化を被るであろうことを予測することができる。「あるがまま」ではなく、「あるべきある」が追求されるからである。ただしこれらと性質を異にするのは、天文学のように「あるがまま」であるほかない研究である。

天文学は近代科学の革新をもたらした研究分野である。その分野が「あるがまま」であるほかない研究であることは、示唆的である。なぜなら近代の科学は、天文学がもっているそのような性質にあやかって、「あるがまま」である以上のことを他の分野でも研究してこなかったからである。天体は地上の生態系から離れてある存在であるがゆえに、同時に、純粋形相でもないがゆえに、「あるべきある」ではない。そのようにしか「あるほかないもの」である。人間はこの天文現象がもつ「あるほかない存在」によって、この宇宙の数学的構造を見いだしてきた。それは「あるがまま」を研究することを通じて、数学的存在の「あるべきある」を豊かにしてきたとも言える。それゆえ天文学の研究は生態系存在論の視点からは重要性を低下させるが、数学研究の下で無意味になることはないだろう。

# 第Ⅲ章　残されていた問題

## 一　パルメニデスの存在論と生態系存在論

数学と天文学の結びつきはピュタゴラス学派の特長であり、ピュタゴラス自身の時代からのものと推測される。それゆえピュタゴラス学派に属したパルメニデスにも、その特質が見られるわけである。すなわち、かれの詩の断片の終わりには天文現象についての記述がある。他方、かれの詩が指し示す純粋学は、唯一、数学である。なぜならかれの詩の断片には数学への直接の言及はないが、かれは、考えられるものだけが「ある」し、考えられるものには遠い近いという距離もない、という純粋思考の地平を語っているからである。ところで純粋な思考の地平にありうる学は、数学以外にはない。すなわち、かれの哲学がつくりだす存在論は、じつは数学と天文学を基礎づけるものである。

ところで、そのパルメニデスがただの「ある」（彼岸の法廷）にたどり着く前の段階に、すなわちそのいかめしい門扉の前に「あるかないか」の吟味、つまり尋問を置いたことはすでに述べた。尋問を門の手前に置いたということは、この尋問を彼岸の存在論自体からは除外したことを意味する。すなわち、彼岸の存在論に属しているものは「あるかないか」が問われるものではなく、尋問を終えて「ある」ことがまったき必然であることが明らかとなったもののみである。

このことによってかれは天文学も下位の学問として語ることになったのである。なぜなら天文現象は「ある」ことは明らかであり、天体は人間をだましたりはしない。それゆえ、その意味での「あるかないか」の尋問は天文現象には必要がない。ところが、人間自身は天文現象を「あるがまま」に受け取ることができるかどうか、ということとなると疑問である。天体の運動をどのように理解するか、天体の世界をどのように理解すべきか、それに関しては尋問がありうる。

他方、数学は、人間の思考自体のうちに成り立つものであり、思考のうちにあって思考から離れてあるものではない。それゆえ数学については「あるかないか」の尋問が必要とされない。つまり数学的真理は人間の思考にとって直接的に自明と見られる。たしかに人間は数学に関して計算違いをするのであるからその意味での尋問はありうる。しかしこの尋問は数学にとって本質的なものではない。なぜなら計算違いは人間の思考の誤りによって起きることであって、数学にとっては偶発的であるに過ぎないからである。この点について省みて、つぎのことを付け加えておこう。

わたしはパルメニデスに戻ってやり直す道を取ったのであるが、パルメニデスの「存在」は、じつは真実を明るみに出した審判の結論としての「ある」であった。すでに検討したように、パルメニデスの詩がしめしている審判は死後の審判である。この世のものではない。しかしながら、当時はふつうの市民が裁判員となって裁くのが裁判であった。それゆえパルメニデスは、おそらく自分が裁判員となって行った裁判のようすを直接のきっかけとしてそれを考えたに違いない。たとえば、ある犯罪が起き、被疑者が捕らえられ、審判の場で証言が求められる。事件に関わったり、周囲にいた人びとが証言する。するとしだいに何が本当に「あった」ことなのかが明るみに出されてくる。こうして真実が再構成される。うわさ話でしかなかった犯罪の話が法廷において真実の話としてふたたび構成されるのである。すると犯罪者がだれなのか、それも明確になる。噂話のなかでは、「あった」ことも「なかった」ことも、不明瞭で、あの人はこう言う、この人はああ言う、でしかなかったことが、「これこれだった」と確定するのである。

それゆえ結審するとき、「ほかの仕方であった」ことはすべて完全に否定され、「ほかの仕方ではありえない」という必然的な「ある」が確定する。パルメニデスが非存在を完膚なきまでに否定し、存在を動かないものとして確定するのは、このような審判の事実との類比によるのである。すなわち、パルメニデスはあやふやな憶測が飛び交うなかで、しだいに真実が審判の場での尋問によって明らかにされることを、あやふやな現象の背後に隠れた真理が吟味を通して明らかにされることと、類似のことがらとして理解しているのである。すでに繰り返し述べたことであるが、このような尋問の過程は、あの世の審判では事前に処理されている。あるいはあの世の女神の前ではすべてが明らかで、「ある」ものだけがあるのである。

しかし、ここに至って考察すべきもう一つの問題があらわになる。というのも、審判とは、真実を明らかにすると同時に正義を実現することを意味するからである。なぜなら審判は国家権力を背景にして、犯罪を確定して犯罪者を処罰し、被害者を救済するからである。パルメニデスの「存在論」は、それゆえじつは正義を求めるものであった。ところで、正義は善美なことがらである。それゆえかれの存在論は善美を実現する存在論であった。少なくともその意味では、「あるべきある」を求める生態系存在論と同じものである。しかしパルメニデスにおいては、すべてが明るみに引き出されて「なにが真実か」が正義の実現としてあらわにされたとしても、すべてが正義となったのではない。

なぜなら審判を通じて明るみに出た真実とは、不正、犯罪が行われたという真実だからである。実現された正義とは、「不正が明らかにされた」という正義である。すなわちそれは「裁判の正義」であって、裁判に関わった個々の「人間の正義」ではない。犯罪者も犯罪も、言うまでもなく悪であり、醜であり、不正である。それらは「あるべきではなかったところのある」である。

それゆえ、パルメニデスの存在論の「存在」は、あくまでも裁判の正義であり、そのなかでの善美である。つまり裁判が公正に行われるべきであることを示す「ある」であって、被告人を含めすべての人がつねに正義であったり、善美であることを示す「ある」ではないのである。

言い換えると、パルメニデスにおける正義の実現は、裁判を権威づける「国家の正義」の実現である。これに対して、生態系存在論が主張する「あるべきある」とは、「国家権力を前提としない正義」の実現である。なぜなら生態系存在論の立場では、国家とは、土地の不正な所有のうえに成り立つ不正な権力だからである。したがって生態系存在論では裁判を成立させる権威自体が不正なものとして拒絶される。すなわち一方で、「あるべきある」を探求の道としてあらかじめ要求することにおいては、生態系存在論はパルメニデスの存在論と同じである。しかしながら、その「あるべきある」の根拠が、パルメニデスにおいては国家権力による正義であるが、生態系存在論はそれを認めていない。生態系存在論は人間存在を根拠づけている自然生態を前提とし、この地平で正義を求める。それゆえわたしたちはパルメニデスについていくが、それも途中で止めることになる。

したがって、わたしたちはかれについていけるぎりぎりのところを見きわめておく必要があるだろう。パルメニデスにおいても、存在（ある）は彼岸の存在論のなかに入る前の段階では「あるがまま」の状態にある。しかしその「ある」は、どのものについても「すべてが同等にある」と言っているのではない。犯罪者は有罪であり、非犯罪者は無罪である。それが裁判の正義によって決まってくるのである。つまり有罪で「ある」とみなに言われているものが、ときに有罪では「ない」こともあり、みなに有罪で「ない」と言われているものが、ときに有罪で「ある」ことが尋問によって明らかにされる。しかし裁判の正義によって「あるかないか」が明らかにされたあかつきには、「ある」は永遠にあり、「ない」は完全にない。つまり被告人が有罪で「あるかないか」が、永遠的に確定されるのである。

それゆえにまた、永遠的に、また完全に「ある」と定まったものは、「動かない」。つまり裁判で明らかになった真実は動かされることがない。したがって本来的に言えば、パルメニデスは真理が動くことを完膚無きまでに否定したのであって、動くことの真理を否定したのではない。したがってわたしがパルメニデスから受け取るものは、かれの弟子ゼノンが論じた運動の否定ではない。パルメニデスが否定しているのは、真理の運動（動揺）であって運動の真理ではないからである。したがってパルメニデスの存在論は夜の国（此岸）にあるままで、あるがままを認める存在論ではなく、昼間の国（彼岸）で裁判の正義・善美を実現する存在論である。それは真実を明るみに出すが、けっして夜の国で現に在るところのものを、疑念ももたずに正義として確定する存在論ではない。

一方、わたしも人間社会のあるがままを善美と認めるようなことはできない。それゆえ、それによって翻弄されている自然が現に善美を実現していると認めることもできない。この点では、わたしはパルメニデスに従う。つまりわたしがパルメニデスにならって言えることは、あるがままが真実ではなく、「ある」と言うべき「ある」、すなわち、やはり「存在すべき存在」こそが善美であり真実だということである。パルメニデスでは、それは裁判の正義・公正であった。言い換えると、現にあるところの真理が見いだされれば、その真理がそのまま善美な真実だということではない。つまり真理が見いだされることは、たしかに正義であり善美な真実である。しかし見いだされた真理が善美であるのではない。なぜなら犯罪が行われたことが明らかになっても、それは犯罪が善美であることを意味するのではなく、犯罪を明らかにした裁判が善美になされたことを意味するのみだからである。

言い換えると、パルメニデスにおける「不動のある」は、「裁かれるべき犯罪が裁かれること」である。他方、生態系存在論における「不動のある」は、生態系の美を規準として「存在すべき存在」である。犯罪は醜悪で不正な事実である。これがパルメニデスの視線である。他方、生態系存在論の視線がとらえているのは、現代の文明社会によって存在している「あるがままは醜悪で不正な事実である」というものである。それゆえ、あるがままを認識することが必要であっても、そのことは、あるがままが真実であったり善美（正義）であったりすることを意味するものではない。以上が、パルメニデスに関して確認しておかなければならないことである。

## 二　アリストテレスの存在論と生態系存在論

また、わたしは前章でアリストテレスの四原因の適用の問題と、実体と諸属性の理解について検討した。それを通じてわたしは、アリストテレスのいくつかの誤りを指摘したが、全体として指摘しなければならない別の問題がある。それは、全体としてアリストテレスの存在論が、「あるがままにある」世界を受け取ることに終始するという問題である。すでに述べたように、アリストテレスにおいては第一天球の永遠的な運動はその霊魂がもっている「思惟の思惟」という運動である。あるいはまた、アリストテレスにおいては、第一のものは最善のものであるがゆえに、それ自身のみならずその他のものも、この第一のものを愛し求めて運動する欲求運動をもつ、と理解されている。この場合、全宇宙の運動はだれも止めることはできないし、妨げることもできないものと理解される。この点で、わたしはアリストテレスの存在論を拒否している。

なぜなら、それによれば善美は運命的に実現しつづけることになるはずだからである。というのも、アリストテレスの理論によれば、善美は人間の意志によって達成されるのではなく、宇宙の規模では第一天球への欲求運動という、人間の力がとうてい及ばない力で実現していると見られるからである。しかしながら実際には、人類が文明を生み出すようになってから地上の生態系の善美は失われてきた。それゆえ善美の実現は宇宙の運行による必然として実現するのではなく、人類の再度の自覚によってしか実現しないものである。

言い換えると、アリストテレスにしたがうなら物理的運動その他の変化が、そのままで善美を実現するものだということになる。それゆえアリストテレスの存在論においてはその運動変化が善美を見きわめる規準になる。これに対して、わたしの存在論では生命的運動変化のみが善美を見きわめる規準になる。たしかに古代に生きたアリストテレス自身は、宇宙の運動である天球の運動も天球の霊魂（生命）が引き起こしている運動であると見ていた。したがってアリストテレスの存在論も、わたしの存在論に優るとも劣らず、本当のところは生命的存在論なのである。ところが周知のように近代は、天体については生命的な概念をぬぐい去って始まった。そして、天空の現象は生命的変化ではなく物理的変化であるという理解が固まることによって、アリストテレスの存在論についての一般の理解も、いつのまにか非生命的なものとなったのである。そのために近代においては、物理的宇宙の変化に基づいて世界を考えることが、アリストテレスの伝統に沿う科学的な世界理解であると、一般に考えられるようになっている。しかしこれは、本当は誤解なのである。

たしかにここにはいささか複雑な誤解がある。すなわちアリストテレスの存在論は案外に生命論的であり、それゆえに天体現象から地上にいたるまで、ある種の善美が宇宙全体の運動のなかに実現していると見るものであった。アリストテレスは一方で倫理学を政治学に連ねて国家論を描いたプラトンに従っているが、存在の本質に善美の根拠をまったく認めていなかったわけではない。アリストテレスにおいて第一天球の霊魂はやはり善美であり、それゆえに他の存在全体から愛されるのである。また言うまでもなく、プラトンにおいても、イデア論において最高のイデアは善のイデアなのであるから、かれも善美の根拠が存在の本質に係わることを否定しているのではなかった。ところが近代を通じてアリストテレスの形而上学が物理的に理解されるようになって、生命と善美の関係がすっかり見失われたのである。

わたしが見るところ、近代に天文学から始まった科学の発展が、世界全体を物理的に理解することの正当性を証明したことが問題なのである。天文学の進歩は物理学の発達に資するとしても、善美の実現には資するところが少なかった。夜空に見られる物理現象は美しいと認めよう。しかしそれは数学的構造式がもつ論理性の美しさと本質的に同等のものである。それは生命だけが感得し、生命を養い、生命を発達させる力を内蔵した善美ではない。善美に反応するのは生命であって、物理的現象は善美にはまったく無関心である。生物だけが無自覚にではあっても善美のうちに生命の発達の方向性を見いだしてきたのであり、その美が多様性の美として生態系の善美をつくりだしてきた。人間はそれに自覚的に関わるべきなのである。なぜならわたしの考察によれば、人類はそのために誕生した種だからである。そしてそれゆえにこそ、生態系の善美を目指した「あるべきある」の存在論は、人類のもつべき学として主張されるのである。

アリストテレスの存在論はこの自覚をもたないし、気づいてもいない。それゆえアリストテレスの存在論は乗り越えられなければならない。他方、パルメニデスの存在論は国家正義をもとにした存在論であり、また彼岸の存在論である。これもまた、国家正義を捨てて此岸に生きるための存在論ではありえない。それゆえに、パルメニデスの存在論も捨てられなければならないのである。

## 三　近代の自己意識に基づく存在論の否定

以上で、ヨーロッパ存在論の代表的なものとしてパルメニデスとアリストテレスの存在論を検討し、あわせて生態系存在論についてわたしは論じ尽くした。わたしは、近代以降に大きな発展を見せた科学の力に対抗しうる客観性を備えた存在論の基礎を検討するうえで、パルメニデスとアリストテレスの存在論は十分な議論を含んでいると考える。しかしながら、近代以降の哲学に特徴的にあらわれた自己意識にもとづく存在論の意義にもふれておかなければならないだろう。というのも、この種類の存在論は世界の根拠の全体に立ち向かうときに、自己意識という内部世界に向かい、外部世界との共通性に立脚することを拒絶するものであって、その存在論は幻想であるとわたしは判断するからである。わたしのこの意見に同調する人は多くないかもしれない。なぜなら証明することが困難なことだからである。じっさい自己意識にもとづく存在論は、世界は自己意識によって成り立つという主張を前提にして強い自信を示すだけである。

とはいえ常識的には、人間の意識は世界の一部に過ぎない。人間の意識が世界に対して支配者となったのは、人間の文明とその技術が世界を力ずくで支配することができるようになったことから生じた「偶発的なおごりの意識」に過ぎない。自己意識による存在論は、打ちのめされたことがないか、打ちのめされることを拒絶する精神のみが基盤となって生まれるものである。言い換えれば、自己をまったく超えたものに出会ったことがないか、出会いに対して殻に閉じ込もることができる人間だけが主張できる存在論である。この存在論では、「ある」という資格を与える唯一のものは、「わたしの意識」である。対象の現前が前提となるということすら、客観的な存在論の立場からはじめて言われることであって、自己意識はそのことを軽視する。自己意識は己の誕生を己のなかで果たすことしか考えることができない。したがって「わたしの意識」が世界に対してもつ優越性は変わることがない。その存在論が描き出すものは、世界に対してふんぞり返っているだけの自己意識がもつ「幼稚で」（内容が貧弱で）「醜い」（善美を見いだす根拠を全くもたない）姿だけである。その存在論は自分の貧弱さをさとられないために、ひたすら饒舌となり、根拠づけることもできない善美（倫理）を論じる。

かれらの饒舌さにつきあっていくことはできない。ただ、せめて善美の根拠づけは自己意識によっては不可能であるということは明確にしておかなければならないだろう。それはつぎのように論じられる。すなわち善美は生命に特有の価値である。自己意識が生命のはたらきから生まれるものであるなら、自己意識にも何らかの善美の根拠があるはずではないか、と考えられても致し方ない。ところが自己意識は生命の派生作用であっても、善美を直観する作用ではなく、直観したものがそれを確認する際の状態であるだけである。人間は他の生命体に対して大きな共感能力をもっており、この他者認識におぼれることを防ぐために、むしろ自己意識が生まれたのである。自己意識は二次的な意識であって、他者の認識がしっかりとしたものでないならば、意味を失う意識である。それゆえ、善美についても、他者意識からはじまって、はじめて自己意識のうちに善美の意識が生まれてくる。自己を見つめるだけで善美の規準が見えてくるというのは、幻想である。

したがって自己意識から善美を導くことはできない。意識に残る善美は、善美の根拠から切り離された概念に過ぎない。なぜなら善美の根拠は生態系の側にあって、人間はそれを敏感に感じ取ることから善美に向かう力を得るからである。繰り返し述べたように、人間はこわされた自然を相手にその不足を見いだし、それを補うことを行う種である。そのとき、なにを補うべきかは自然の善美が教えてくれるのであって、自己意識が、補うべきものを見いだす規準となる善美を生まれつき備えているのではない。人間が備えている（生まれつき与えられている）ものはそのことに気づく能力であり、知る能力のみである。それゆえその善美の概念は、その真の根拠である生態系から切り離されたとき、容易に自己意識によって幻想化されてしまう。自己意識が幻想を生みやすいのは、それが世界との共通性を拒絶しているからである。なぜなら世界は実在であり現実だからである。その世界との共通化（概念のかたちで対象を取り込むこと）を拒絶するなら、意識がもつことができるものは、世界の記憶断片による幻想でしかない。それは永遠の自己問答の繰り返しによる幼稚な言説にあふれかえる世界を作り出すだけである。わたしは以上のように判断しているので、自己意識による存在論を完全に否定する。ヘーゲルにしても現象学にしてもである。

## 四　自律による自己意識と個性について

とはいえアリストテレス的存在論を前提にしながら自己意識に触れた興味深い哲学的思弁があることを、わたしは知っている。それについては別の著書で明らかにしたが、最後に触れておかなければならないだろう。それは一三〇〇年の頃に思索を行っていた神学者ドゥンス・スコトゥスのペルソナ理論である。しかしかれのペルソナ論（現代的に言えば、それは人格論を含む）は、存在論に基づいている。すなわち自己意識から存在論をつくる理論ではない。むしろその逆である。スコトゥスは、人間にとっては本質的と見なされる思考の領域で、意識は自己を世界から切り離して自律させる力をもつことを明らかにしているのみである。すなわち人間は理性的動物と言われるが、その理性を示すものが思考であり、その思考の領域で、意識には世界から自己を自律させる作用があることを明らかにしたのである。しかしこの証明が、その後のヨーロッパに自己意識の領域を特別なものとして解釈させたことは事実だろう。

すなわち、この人格（ペルソナ）の自律の哲学によって、カントの人格論が生まれ、その後自己意識を土台とした哲学が生じたのである。それゆえ、スコトゥスのペルソナ論は自己意識の哲学の淵源となったものであるが、すでに述べたように、その哲学自体はアリストテレスの存在論に基づいている。したがってアリストテレスについて述べたことがかれの存在論についても妥当する、ということである。

ところで、文明社会を前提として生きる個人にとっては、スコトゥスのペルソナ論（人格の自律論）は自己の世界の良識を守ってゆくために必要なものである。しかし、生態系存在論の立場で、自己意識の確立は不可欠であろうか。なぜなら、近代哲学における自己意識の確立は、近代社会における人間の自律の問題だからである。近代社会を前提としなければそれが必要であるかどうかはっきりしない。ところでわたしが提唱する生態系存在論における第一義的関心は、生態系の善美にある。また、生態系存在論によれば、生態系の善美に尽くすことができることこそが、人間にとっても生きることの最大の意義である。ところで、最大の意義がそこにあるとしたら、このために自己意識（自律心）の確立が不可欠であるという結論は生まれない。なぜなら、そもそも自己意識は自己に対する格別の関心によって生まれるものだからである。ところで、人間の善美は生態系の善美に尽くすことから生まれるのであって、人間が生態系に対する無関心のうちに自己の善美を求めることによってではない。

じっさい、いたずらに自己の善美を求めるなら、人間は真実を見誤って浪費と贅沢と虚栄を人間の善美と取り違えるだけとなるだろう。なぜなら自己の善美を求めることは、自己の善美に尽くすことだからである。しかし、自己はそれ自身のうちに生来的に善美をもつのだろうか。人間の自己とは、本来、他から何かを受け取るものであり、受け取ることによって自己の内容を豊かにしていくほかない存在である。それゆえ、もともとは空虚でしかない自己の善美を求めるなら、空虚な自己を外見的に飾り立てるほかに進む道はない。そこにありえるものは浪費や贅沢や虚栄による飾り立てしかないだろう。それゆえ自己の善美を求めることは、まことに空虚な試みである。

たしかに自己を見誤っている文明社会から自分が距離を置くためには、他者から離れた自己の意識は必要なことかもしれない。つまりスコトゥスの言う自律は、文明社会という特殊な状態においては人間にとって不可欠のものかもしれない。じっさい、文明国家は、すでに述べたように、不正のうえに成立していながら、裁判する権利をもち、国家の正義を主張する。したがって国家を正義と見立てた個人の正義が「責任論」として浮上してくる。なぜなら、前提として、国民は国家に属し、国家の裁判権を、国家を正義と見なして認めているからである。こういう前提があると、国民は、国家が定めた法律と、その背景となった思想（価値観）に基づく裁判を受け入れなければならない。それは国家を認めた国民の責任となる。すなわち国民は自己の行動について国家の規範による罰を受けなければならないし、国家が行った行動に問題があれば、その責任も追及される。この責任を引き受けて正義を守ろうとすれば、個人は文明社会（国家）から距離を置いて自律する必要がある。なぜなら個人が国家正義について責任を引き受けるためには、国家の正義とは別の正義の規範が必要だからである。

しかし現代社会の誤りから距離を置くことは、人間が、自分の善美が生態系の善美に尽くすことによって生じるものであることを自覚すれば、自ずから生じることである。なぜなら生態系の善美は国家の善美を否定するからである。生態系の善美を究極の善美と見なすならば、国家の正義、すなわち国家の善美とは、砂上の楼閣にすぎない。砂上の楼閣をまもるために自分が他者への依存を否定することや、世界に対して無を突きつける、あるいは無を分泌することによって自己意識をもつことは、本来、必要でない。そういうことは人生に目的を見出せない中で、他者（国家という空虚な善美）から空虚な自分の世界をひたすら守ろうとすることでしかない。たとえば近代哲学の良心的代表者とも言えるカントにしても、自律を重視して、自律において自由を基礎づけている。しかし、かれは内容のない自由を内容のない自律に基礎づけているだけである。自由にとって自律が不可欠であるとしても、もともと自己のうちに何も持たない人間（人間は、外側も内側も、生まれつき裸なのである）が自律しようとしても、じっさいには空虚のなかで徒手空拳のむなしさを味わうだけである。

一方、生態系の善美は多様性の美である。それゆえ、それに尽くす人間は生態系から多様性を学ぶ。生態系は人間に一様であることを教えるのではない。一見一様に見える生態系の永続性も、個々人の目から見れば、つまり個々人が見るさまざまな時刻、個々人がいるさまざまな場所から見れば、ダイナミックに、二度と同じ様相を見せることなく、進展するものである。なおかつ、そこに人間が十分な納得をもって尽くすことができるほどの善美が実現しつづけるのを見れば、ひるがえって人間においても、個々人の個性が十分に活かされてこその善美であることは、自ずから明らかになることである。それゆえ、生態系の善美に尽くすことは、人間一人一人を個性のない人間に育てるのではなく、反対に、人間の個性が発揮される人間を育てるのである。したがって自己意識が求められることが個性の確立に必要であるという考えは、端的に間違った見解なのである。

言うまでもなく、自己意識の追求は不必要であるということを納得してもらうことは大変困難なことである。なぜなら現代では、自己意識が肥大化して、自己意識によってのみ価値が意識されている。それゆえ自己意識がなければ、個性の価値は自覚されないからである。他方、わたしが個性と呼んでいるのは、自己意識を強くもたない個性である。つまり一人一人をはたから見れば、それぞれ違うが、当の本人たちはそれを意識していない状態である。なぜなら生態系を重視する立場では、自分自身に個性があることは、特別の価値として受け取られることはないからである。本来、文明社会の人間が自分の個性を主張するのは、人間どうしで価値を認め合うほかに自分の価値を納得することができないからである。なぜこのようになったかと言えば、生態系の善美に尽くすことが人間の価値ではなくなったとき、人間は、ただ人間にとって役立つかどうか、すなわち人間どうしで互いに役立つかどうか、ということでお互いに価値づけをし合うほかなくなったからである。

ところで人間どうしの価値づけにおいては、個性という、ほかに代替できない絶対的価値のほか、意味をなすものがない。なぜなら相手による、という相対的価値は、自分一人の価値ではないからである。すなわち人間社会のなかで他者に役立つことが個人の価値であるなら、個人の価値は、その個性という絶対的なものによるほかない。なぜなら、もしも相手あっての自己であるに過ぎないなら、自己の価値はつねに他者とともにしかありえない。そうであるなら、個人が社会のなかで特定の秩序に位置づけられるということの正義が、理論的な根拠を失うからである。すなわち文明社会の正義（秩序）そのものが瓦解してしまうことになる。だからこそ文明社会では、個性が絶対的価値をもつのである。

これに対して生態系の善美につくすことが人間の善美であるなら、人間にとって個性は特別の価値ではない。この場合には、個性というものはあくまでも人間の間に自然に生じてくる多様性の美の一つに過ぎない。それゆえ西欧の文明人が個性に執着せざるをえないのは、西欧文明が人間の価値を人間どうしの間で決めなければならないものにしたからである。すなわち、人間の個性という価値は自然本来のものではなく、文明によってつくられた価値、あるいは文明によって要請された価値に過ぎない。したがってそれを絶対的なものであるかのように扱うことは端的に誤りである。この誤りは、ちょうど自然生態系から見れば国家が不正のうえに成り立っていながら、人間社会の間では国家は正義の名の下に存在するほかない、という矛盾に似ている。

なぜなら国家は土地の所有のうえに成り立つが、この所有は根拠のないものであって、それゆえ不正である。しかし国家が成立すれば、土地の所有、つまりその領土は国家の存在そのものであるから、侵略者と戦うことは正義である。しかも、もともと戦争は国家によってなされるものであるから、どんな戦争であれ、国家によってなされる戦争は正義の名によってなされるほかにありえない。それゆえ、戦争が正義の名によって行われることは矛盾ではなく当然のことである。その理由は、そもそも国家が定めた正義があって、それがあるために戦争が起こるからである。国家がなければ、したがって戦争はないし、言うまでもなく、正義の名による戦争もありえない。言い換えれば正義にもとづく戦争をなくすためには、国家を否定する必要があるし、国家を正義と認めるなら、正義の名によってしか戦争はありえないことを認識すべきなのである。そしてこれと同様に、人間どうしの役立ちが人間の価値を定めるという人間理解をもつのなら、個性の価値を人間の絶対的価値として認めるほかに、具体的に人間の価値を見いだすことはできない。なぜなら人間の中で役立つものと役立たないものを一定の尺度で区別しなければならないが、そのためには個別的違いをもとにしなければならないからである。

さて、生態系存在論の意義を明らかにするために過去の存在論をいくつか検討してきたが、これで十分であろう。最後に個性の価値を問題にしたとき、正義について触れたが、価値問題は別の機会に論じることにしたい。

## 五　日本語の文法について

もう一つ、存在論との関連で論じておかなければならないことは、日本語に対する疑念である。というのも哲学は日本語では十分にできない、という感想をもつ人たちがいるからである。しかしこの感想は根拠のない感想である。そもそも哲学語を母国語とする民族が存在するわけではない。どの国であれ、あることばが哲学的使用を認められるようになったのは、そのことばが繰返し哲学的議論によって使用されてきたからであって、はじめから哲学語があって、それをある国、ないし民族だけが特権的に神から与えられたという歴史的事実などないのである。これは自明のことだろう。したがって日本語が、他の民族の言語と比較して哲学の使用に耐えられないという感想は、単純に、日本語によって哲学的議論がなされてきた事実が少ないということを言っているに過ぎない。しかしこのことは、日本語では哲学的議論はできないということを意味するものではない。

もともと現代日本語は、日本古来の言語とともに、中国語を取り入れてきたし、インドに由来する仏教経典の翻訳を通じて、インドの哲学概念を写し取ってきた歴史をもつ言語である。これほど哲学に対する享受能力をもつ言語を持ち合わせている民族は、むしろめずらしいのではないだろうか。これも感想めいたものであるが、わたしは、日本語は、哲学的に使用されてきた歴史は浅いことを認めるが、哲学的使用に耐えられない言語であるとは思わない。わたしはこの著作においても、日本語でパルメニデスを分析し、プラトンにもアリストテレスにも言及してきたが、かれらの哲学に対して、十分に日本語で対抗することができたと思っている。

というのも、わたしはプラトンはパルメニデスの存在論に関して誤って解釈している、と判断するからである。つまりプラトンは、「『あるかないか』の吟味」と、「『ある』のなかの探求」を区別していない。他方、パルメニデスの詩は、この区別を明確にしているとわたしは判断している。これは、わたしが日本語でプラトンの解釈に対抗していることを意味する。パルメニデスとプラトンは同じ言語を解した同じ時代の哲学者である。かれらの間のほうがはるかに共通の理解は可能であると考えるのが常識であろう。わたしが、それにもかかわらずパルメニデス哲学の解釈に関して自分の解釈のほうがプラトンによる解釈よりも正しいと考えるのは、日本語によってもパルメニデスの哲学が十分に理解できると考えるからである。むろんこの判断において異なる解釈をとるひとはわたしの主張を認めないだろう。

これでは堂々めぐりではないか、と言われるかもしれない。しかし、黒白をつける根拠がどこにあるかは明確にできている。つまり、わたしの解釈とプラトンの解釈と比較して、どちらがパルメニデス解釈として納得できる解釈であるか、ということである。もしも比較が成り立つなら、それこそ日本語が哲学的議論に耐えられることの証明である。もしもわたしの主張が黒白をつけることができるほど根拠が明確でないために、この比較が成り立たない、というのなら、日本語が哲学的使用に耐えられるものであるかどうか、いまだに不明である、ということである。

答えがどちらかは、ひとまず置くとして、「ある」という言葉について日本語の文法のなかで論じておく必要はあるだろう。というのも、わたしはここで、日本語で「存在論」を構築しようとしているからである。

日本語では、何かが「甲である」とか「乙である」と言われる。これらは、何かが「甲という仕方で『ある』」とか「乙である仕方で『ある』」ということを意味していると、一般的に受け取ることができる。他方、「甲がある」、「乙がある」と言われるときは、「甲と言われるものが『ある』」、「乙と言われるものが『ある』」ということであって、それぞれが端的に「ある」、つまり

「存在している」と述べていると受け取ることができる。後者が端的に存在していることを意味しているのに対して、前者は、それがどのような仕方で存在しているか、を意味している。

言い換えると、日本語の場合、助詞に当たる「が」と「で」が、その直前のことばを、つぎに来る「ある」に関わらせている。ところで、「が」は、つぎに来る「ある」を何ら限定しない。たしかに「ある」と言われているのは「甲が」であり「乙が」であるから、限定抜きの「ある」を、「甲がある」や「乙がある」という命題が意味している、ということではない。すなわち、「甲がある」と言うとき、「甲について無限な存在がある」という意味ではない。しかし、このとき命題全体が存在に関して限定されているのは、述語の「ある」が限定されることによってではなく、主語が「甲」に限定されることによって、述語の「ある」が、その主語についての「ある」でしかない、という意味で、命題全体が「甲」に限定されているのである。すなわち、命題全体は甲に限定されているが、述語の「ある」自体は何かに限定されずに、端的に「ある」こと、つまり「存在している」ことを意味している。

他方、「甲である」や「乙である」の場合、「で」は、その直前のことばによって、述語の「ある」を限定している。つまり「で」は、「の仕方で」、あるいは、「というかたちで」と置き換えることができる。この場合、述語の「ある」は、それぞれの仕方で限定されて「ある」と言われている。このとき「ある」は、限定を受けたかたちをもつ。すなわち、それは端的な「ある」ではない。ところで、一定の仕方で存在が限定されているとき、その存在は形相をもつ、と言うことができる。それゆえ、この「ある」は、本質存在を意味する「ある」である。それゆえ「甲である」は、「甲という形相をもってある」と置き換えられる。

このような理解をもって日本語で哲学的分析を行うことは、日本語のあり方を損なうとは思えない。他方、この使用方法は日本語にとって無理なことでないなら、実存と本質を区別する西洋の存在論を相手にしても、日本語で「存在」に関して議論することは困難とは言えないだろう。

## 六　生態学研究との関係

つぎに、生態学とこの生態系存在論の関係について明らかにしておかなければならないだろう。生態学は野外で実際に生物が暮らしている諸条件を、野外でデータを取り、研究するものである。したがって、それぞれの生物種がどのような関係を取り結んでいるかを明らかにするのが生態学の目標である。そしていやしくも生態学とて科学であるゆえに、数値的にそれを明らかにすすることが必要である。しかしながら数値が語ることは、個々の場合の平均値であり、生態系のおおざっぱな設計図である。言い換えると、生態学とは、個々のものが生きる場面の本質を語るのではなく、おおざっぱな全体を地図にして、それによって人間が生態系を統制することを可能にする道具となるものである。それ以上のものではない。

ところで、各生物種はそれぞれ食料を他の生物種に依存してもつことを通じて、互いに関わり合っている。この関わり合いは生物にとって本質的なものであり、生きることは、つねに「食」の関係を通じた共生という仕方でのみあり得る。この場合、もっとも見失ってはならないことは、わたしたち人間もまた、生物としてその網の目に入っている、という事実である。埒外の者として生態系を眺めているのは、人間であることを忘れたほうけ者のすることである。しかし今しがた述べたように、生態学は生態系のおおざっぱな地図をつくることができるだけである。しかもその場合、その地図のなかに人間を書き加えることができるかどうか、現在のところ怪しい、としか言えない状態である。というのも、少なくとも文明社会は、自然生態系に組み入れられていないからである。文明社会は自然生態系の外にあって、まったく人為的に関わっているのみであると理解されているし、事実そうなのである。

しかし、本来、生きることは他の生物種との関係を抜きにしてはありえない。それゆえ、人間もまた「その関係のうちに」こそ「今自分が生きること」の本質的な意味があることを読みとることができなければならない。しかも、「今の自分が」であるなら、生態学が示す生態系の模式図のなかに、人間の位置を書き込むことだけでは十分ではない。なぜなら、それは人間一般の平均値に過ぎないからである。「今の自分が」実際に「食べてなすこと」の中に、他の生物種との関係を確実に読みとることが必要なのである。

事実、それぞれの地域に特有のかたちで発達した生態系は、それぞれの地域の生物の余分を通じて各種の生物を養い、養うことを通じて自らが生み出す余分を多様な美の実現に用いてきた。各種の生物はその余分を養分とすることによって余分を腐敗にまかせず、自己のはたらきに役立たせ、また、そのはたらきを通じて余分を生み出すものを腐敗から守ることができることによって多様性の美の実現、つまり生態系の善美の実現に尽くして来ているのである。

さて、生態系存在論は、人間が世界を受け止めるとき、「ある」と語る必然を基盤にしている。そしてその目標は、「いかにあるべきか」を明らかにして「人間が生きる真実」を示し、個々人が「今を生きる」場面の理解を確実なものにすることである。ところで、人間は善美の実現を生きる目標とすることが妥当である。なぜなら善美が目標でないのなら、人生は輝かしいものではありえないからである。ところで、なにが人間にとって真実の善美であるか。それは、人間が地上に生まれてきた理由を明らかにすることであり、それを現実に確かめることによってしかありえない。なぜなら、宗教なら「神の教え」を示すことができるだろう。それは信仰の力で真理を決めるものである。しかし存在論は宗教ではなく、科学と手を携える人間の教えである。それゆえ、存在論は誠実に進められてきた科学と対立するものであってはならない。むしろ科学の成果を生かし、科学を意義づけるものでなければならない。

そして科学が明らかにしてきたことは、人間が進化の過程のなかで自然生態系のなかから生まれた、という事実である。したがって、人間が誕生した秘密のすべては自然生態系のなかにある。それによって説明できない人間の存在理由は根拠がないと見なければならない。言うまでもないことであるが、人間の存在理由とは、人間が生きる理由である。生まれた理由は、生きる理由と同じものである。それゆえ自然生態系の研究、つまり生態学は、人間の存在意義を明らかにする力を秘めている。生態学は現に生きているもろもろの生物種の関係をひもときながら、人間の位置をいずれ明らかにするだろう。そしてそれはひるがえって人間が生まれた理由を明らかにするし、人間の進化の本質をわたしたちに教えてくれるに違いない。

とはいえ、科学ができることは、「いかにあるか」を数値的に明らかにすることだけである。その中に人間という種が組み込まれている状態を、人間自身がいかに受け止めるべきか、ということは、科学の仕事ではなく、哲学の仕事であり、それは存在論においてはじめて結論を示すことができる仕事なのである。なぜなら科学は対象を冷静に分析するが、主体となる人間の自己を分析することはできないからである。

哲学は、主体・自己の吟味をもつことを通じて、科学とは異なった仕方で事実を総括することができる。それは科学のことばで成立するものではないが、それでも人間のことばであり、反省的にと同時に総合的に理解することができる知性には、ぎりぎり通じることばを語ることで、それを明らかにする仕事をするのである。とはいえ、科学が今のところ生態系の図のなかに人間を十分に書き込むことができないのは、それを現代の哲学が教えることができないからである。そして現代の哲学がそれを教えることができない理由は、現代の哲学が生態学と手を携える方法を吟味していないからである。この生態系存在論は、存在論の構築を目指すことで、その哲学の仕事を行うものである。

しかし、現代の哲学が生態系の研究と手を携える方法を知らない理由は、文明論の問題でもある。なぜなら文明は、文明人を自然生態系から切り離し、人間を埒外の者として見ることを常識化するものだからである。わたしはこの文明がもっている自然の見方に反対するものであるが、文明を人間の宣言、ないし人間の真の完成の道として賞賛する哲学説は、ヨーロッパの歴史に限りなく存在し、むしろその見方こそが哲学の伝統を構成してきている。それゆえ、この伝統的立場に立てば、自然生態系の研究は何ら人間の研究ではない。それゆえ、生態系の模式図のなかに人間を組み入れることはばかげているのであって、人間が書き込まれていない図こそが本来の生態系の模式図である、とかれらは考える。さらにそのために、原生自然を守るためには、人間を追い出すことが必要であると、かれらは考えるのである。

しかしもしも真に地球の自然を守るために人間を地球から追い出す必要があると考える自然の理解が正しいとしたら、人間は地球の生命体ではない、という結論を予測することになるだろう。なぜなら、人間以外の生物種は、おそらくどれをとっても、何らかの意味でその生態系の一端を担って必要な存在である。それにもかかわらず、人間だけがそうではないとしたら、人間はこの地球上で鬼っ子ということになる。つまり、わたしたちの周りに生きている生物は、わたしたちにとって、親戚でも何でもない、あかの他人、仲間でもない、ということになるのである。しかし、こうした理解を真に科学的理解であると主張する哲学は、はたして科学的な成果をまともに受け取っているのであろうか。

わたしは以上のような理由によって、わたしが主唱する生態系存在論は、現代の誠実な科学の成果を受け止めることができる唯一の存在論であり、なおかつ、科学にはできない哲学の仕事を誠実にやり遂げる哲学（自己を含めた吟味）を、その構築に際してもつ正規の存在論であると言うことができると主張する。この存在論を通じて、人間ははじめて自分の由来を確信し、生きる意味を見いだし、今を生きることが、知性とともにできるようになるのである。それゆえわたしたちは、生態系存在論を構築するために努力しなければならないのである。

## 七　カント哲学の構想について

以後、倫理学を形成していく前に、ドイツの哲学者イマヌエル・カント（一七二四―一八〇四）の仕事について簡略に触れておく必要があるかもしれない。なぜなら、かれは自らの哲学を、自然人を考えの基礎にした思想家ルソーの作品に基づいて構想しているからである。すなわち、カントはルソーの『エミール』（一七六二）をはじめとして『社会契約論』等の著作に出合った衝撃を受けて、かれの哲学の構想を練り始めた。カントは次のように言っている。「ルソーは総合的やり方をし、自然的人間から始めている。私は分析的やり方をし、開化した人間から始める。」「われわれは未開人の幸福を考える場合、それは森の中へ帰るためではなくて、ただわれわれが他方で何かを得ることによって、何を失ったかを見るためである。それは、社交的な贅沢を享受し利用する場合に、不幸で不自然な傾向性をもってこれに執着することなく自然の開化した人間であるためである。」（小西訳）。すなわち、カントは文明化した人間を根拠にして哲学を始める。また自然人をルソーの刺激を受けて哲学的考察に際して参考にする。しかし自然人を参考にするのは、文明を否定するためではなく、文明の発達のなかで不幸にも不自然な傾向、つまり貪欲さにまみれて真実を見失ってしまうことを避けるためだ、とかれは言うのである。

ところで、わたしはルソー同様、自然的人間から始めた。ルソーと異なるのは、ルソーが田園的自然人から始めているが、わたしは進化説に基づいて、人類誕生の分岐点となる猿人から始めていることである。これに対して、カントは文明化した人間の分析を出発点としている。しかし文明化した人間と言っても、カントは引用文の後者で、自然人の無欲さを参考にして、文明の贅沢のために本来の人間性を見失った人間ではなく、文明によって啓蒙された人間性の姿を分析の対象にする、と語っている。すなわち、文明によって育てられながら、文明の醜さを削り取って残る人間の素晴らしさを基礎とする、という立場である。カント自身はこの希有な人間性をもった人間であった。かれは思弁の甘美におぼれることも避けた人であった。

しかしカントの言う「人間」が、文明人の一般ではなく、理想型であることは確かである。なぜなら文明は秩序を作らざるを得ないために、上下の社会秩序が生まれることは避けられないからである。カントの言う「人間」は、文明が誇る上位の人間であって、下位に置かれる人間も合わせた平均人ではない。カントは啓蒙哲学の大御所である。それはまさにヨーロッパ文明人の理想型を分析して見せた哲学なのである。そしてそれゆえに、わたしはカントの提案には乗ることができない。わたしは文明による理想型が「本来の人間」であるとは見ない。人間は自然のふところから進化によって出現した種である。文明がつくった種ではない。むしろ文明は人間を絶滅危惧種にした元凶である。

他方、カントは、文明化した「本来の人間」の研究がもっとも重要であることを述べている。「人間の最大の要務は、人間がどのようにして創造における自己の地位を十分に全うするかを知り、また人間が人間であるためにはどのようなものでなければならないかを、正しく理解することである。」（小西訳）。カントから見れば、人間は文明をもつべくして神によって創造されたのである。したがって、文明のなかで人間であることが、自己の地位を十分に全うすることである。哲学は、それを明らかにしなければならない。それに対してわたしは、文明化した人間は本来の人間ではないと考えている。文明化した人間とは、神がつくった人間が競争という自滅の原理を取り入れた状態である。したがって「本来の人間」を明らかにするためには、文明をはずして、森の中、海辺、その他の場所に生きる人間を考えなければならない。

それゆえ、カントとわたしは、「本来の人間」がどのような人間であるかという前提を異にしている。しかし、「本来の人間」を理解しなければならないという哲学の基本構想では、一致しているのである。

さらにカントは、本来の人間理性の分析を通じて形而上学（存在論）が要請されることを示し、あわせて倫理を形而上学的に基礎づけた。少なくとも、この一連の体系づけは、わたしの主張と近似している。かれの言う形而上学（存在論）は認識批判にもとづく。わたしの存在論は人間の進化説による文明批判にもとづく。かれの形而上学（存在論）は伝統的な存在論とは異なり、認識批判によるものである。しかし認識批判を通じて、人間の認識を超えた存在を要請するかぎり、存在論であると言うことができる。いずれにしろかれは、当時の哲学者たちがあまりにも稚拙に形而上学の問題に対処していることに対して、論理の飛躍や根拠のない断言を排除し、批判的立場を堅持して学問的明瞭さを示したのである。

それゆえ、カントとわたしの一致と相違はつぎのようなことである。わたしは新たな人類進化説を示して、旧来の人間論、文明論を批判し、新たな人間像を示した。そして、そのうえで存在論を明らかにした。他方、カントは人間理性の批判を通して人間理性の限界を示し、そのうえで存在論を明らかにした。すなわち、カントは文明人の理性の独断を排して存在論を構想したが、わたしは、同じように、文明の独善を排して存在論を構想したのである。

じっさい、作品から推察できるカントの基本構想では、まず世界を、物質的領域と精神的領域に分け、一方を自然の法則に従う世界と見なし、他方を自由の法則に従うと見なす。これは文明人が見る世界の典型である。すなわち、一方に自分たちが利用できる物質世界が必然性をともなってあり、他方に自分たちの自由な（主体的に生きる）世界がある。しかし自由な世界には、この自由な世界を成り立たせる自由の法則がある。ちょうど宇宙には宇宙を成り立たせる自然法則があるように、自由な世界が成り立つためには自由のための法則が必要なのである。「自由の法則」という言い方は奇妙であるが、精神は自由であることを出発点にしながらも、その精神があえて精神の「あるべき姿」（基本道徳）に合わせる必然をもつ、ということを意味している。

## 八　アプリオリなものの要請

ところで、この精神の「あるべき姿」は、精神がそれに合わせることをあえて必然とするほどのものであるから、カントによれば、法則と呼べるほどの絶対的必然性をもつ、ということである。それは個々人がお互いの自由を守ってゆくための道徳法則である。他方、自然のほうにも法則がある。人間が自然宇宙を認識するときに、時間と空間の尺度をもって眺めることを絶対的な基礎にすれば、科学が見いだした法則の真理性を絶対的に基礎づけることができる。こうした構想をもつゆえに、かれの哲学は、一方で宇宙の中にアプリオリなものを要請し、他方で人間精神のなかに善良な神によってあらかじめ与えられているアプリオリなもの、つまり先立つものを要請しているのである。

そしてこの先立つものが、人間が世界を認識するために、あらかじめ認識の規準（時間・空間枠）を与えてくれているし、人間が世界のなかで行動するために、あらかじめ道徳の規準（定言命法）を与えてくれているのだ、ということである。カントによれば、にもかかわらず、人間が何もかも説明できると考えて、議論をすると、理性がもつ力には限界があるので、二律背反の結論が出てしまう。すなわち、理性が応分のはたらきをするためにもともと与えられているもの（アプリオリなもの）は、人間理性が先立つ根拠を提出して論理的に導くことができるものではなく、諸般の状況から見て、与えられていることに気づくことしかできないものだ、ということである。

こうしたカントの構想は、理性の限界によく注意を向けている。そしてカントは、理性の限界の内側にある文明人の世界認識と行動規範が、正当性をもつことが「もしも成り立つとすれば」、その前提として「先立つものが要請される」と理解している。そしてカントは、常識から見て、文明人の世界認識と良識的な行動規範は、正しいものであるから、先立つものの要請は必然である、と主張し、その先立つものが何であるかを分析しているのである。それゆえ、カントの哲学は、文明が良いものであることを前提にして構想されている哲学である。その限りでは、見事な体系をもっており、存在論と倫理学を一つの構想のなかで築いている点は、アリストテレスを超えたポイントであると言えるだろう。

しかしながら、わたしの立場、すなわち生態系存在論の立場では、文明は不正な根拠をもっている。土地所有が不正だからである。したがってカントの前提は認められない。文明社会のなかで人間は、土地所有という、自然が与えている権利を超えた権利を主張している。すなわち、文明には「越権行為」があるのである。人間には本来土地を支配する権利はない。わたしに言わせれば、むしろこの越権行為があるために、人間は自然宇宙までも説明する必要に迫られたのである。なぜなら説明できることが支配することを正当化するからである。しかし、土地を支配するという権利は、土地をつくりだした神のごときものにしか認められない。言うまでもなく、この地球をつくり、地表の自然界をつくりだしたのは、神のごとき自然である。しかし、人間は土地所有を正当化するために、つくったものにしか分からないその説明、すなわち自然界がどのようにできたか、あるいは、できているかの説明という無理を企てた。それが自然科学誕生の理由である。

ところが自然科学による説明は、もともと越権行為を正当化するために行われたものである。そのため自然科学の説明にも越権行為が見つかる。つまり今度は、宇宙の全般に妥当する自然法則の実在という、人間理性を超えた説明を、説明として正当化しなければならないという越権行為である。つまり人間にはもともとこの宇宙のすべてを見通す力などない。足下の地球のことすらわからないことだらけであるのが現実である。ところが文明社会の人間は、科学を通じて一部の知見をもつだけですべてを知ることができると前提している。カントの哲学は、この理性の越権を正当化するために、「先立つもの」を要請したのである。つまりこの「先立つもの」は、人類にとって絶対的前提であると主張された。そしてその前提によって人間理性は宇宙の自然全体についての知見に達する権利をもっている、と言うのである。しかしこのような論理は、中世において神学者たちが、原因と結果の系列から、神が存在しなければならないと、世界のなかの因果律の前提から神の存在を必然として導いたことと、同じ種類の推論である。

カントも中世の神存在証明の効力を認めている。しかしカントが神の存在証明の効力を認めるのは、同じ論理をかれも使っているからである。すなわち、わたしによれば、中世の神学者が考えた因果律による神の存在証明は、理性の越権行為である。なぜなら身近なものを説明する因果律が世界と神の関係を説明できると考えるのは、理性の越権行為にほかならないからである。同じように、カントが行った「先立つもの」の存在証明も理性の越権行為である。カントは、たとえば世界の始まりについて、理性の先験的弁証論を示し、それによって理性の限界を論駁的に証明している。しかし、カントはそれによってむしろ絶対的なものを必然的に要請しているのである。すなわち、限界を自覚するがゆえに、絶対者を要請しているのである。しかしこのような要請には無理がある。なぜなら、理性はその自然的権利の範囲内でしかその要請の真理性を確認することができないからである。ここには、解決しがたい矛盾がある。

言うまでもなく、このような矛盾が起こるのは、土地所有の正当化に無理があるという根本的な問題を素通りしているからである。人間には世界を支配する正当な権利が与えられているという主張には根拠がない。ところが、文明世界の中でその主張を根拠のあるものにするために、世界の説明が構想されなければならない。それはつぎのような論理である。すなわち、「人間理性は、人間のもつ権利のよりどころである。なぜなら人間は、理性によって独自の判断を行って行動しているからである。この理性が正しいものであるなら、人間の行為は正しいものであると、正当な権利として主張できる。理性が正しくなければ、人間の行為は、それが支配行為であろうとなかろうと、正しい、ということが保証されない。したがって、たしかに、理性だけが人間の権利のよりどころである。ところで、理性の本領は、説明することにある。人間は自分が理解する範囲で、世界を支配することができる。なぜなら理解できるということは、正しい行為をなすことができることを意味するからである。それゆえ、世界全体について、説明ができる力を理性が証明することができれば、人間は世界に対して支配権を主張することができる」ということである。

ところが、カント哲学が明らかにしたことは、この正当性の主張のためには、「先立つもの」が絶対的に要請される、ということである。しかしこの要請はすでに述べたように矛盾を含んでいる。つまりカントがこの要請を正当なものと解釈した根拠は、当時の科学理論が十分に宇宙を説明できている、と見なすことができたからである。しかしわたしの見るところ、科学理論が説明している宇宙は、宇宙の一面でしかない。しかももっとも単純な一面でしかない。なぜならそれは物理的な一面に偏っているからである。それゆえ、カントが絶対的なものを要請する権利があると主張した本当の理由は、人間が世界を支配する権利があることを証明するためでしかない。

しかも証明のために必要なものを「要請」という根拠のない仮説で補っているのである。簡単に言えば、カントが明らかにしたことは、むしろ人間が世界を支配する権利は、人間が勝手に「要求」しているだけだ、ということなのである。

## 九　生態系存在論における正しい認識と行動

これに対して生態体系存在論の立場からすれば、人間は、自分が手に取ることができる世界（自分の周辺）のなかで「正しい行為」を取ることができれば、それだけで、何ら問題はない。そして「正しい認識」は、独立に説明されなければならないものではなく、行為との一致においてすでに万民に明らかにされているのであって、理論的（普遍的）証明の必要はない。なぜなら、ある人がつねに良い行為を行っているのなら、その人の認識の正当性を問題にする必要はないからである。ところで、この世界は、人間にとっては、生命の世界である。このことが説明されさえすれば、人間がこの世界で生きるためには、それで十分である。世界各地に残る言い伝えは、この世界が、何らかの意味で、生命の世界であることを人々に教えている。そして人間理性がもつ世界認識としては、それだけで十分なのである。

これに対して科学的説明は、世界を物質的に理解することを促すものであるだけ、有害無益である。なぜなら生命の世界のなかにいて、その善美を目指して生きることが使命である人間にとって、世界についての物質的理解は、世界についての根本的に間違った理解に過ぎないからである。ソクラテス、プラトンの頃から、人間の認識は問題にされていた。物質的なものについてさえも、人間の認識が確実であるかどうか、疑わしいと見られていた。歴史のうちに繰り返し懐疑論があらわれ、哲学者はそのたびごとに、さまざまな方法で人間のもつ認識の確実さを訴えてきた。カントの認識批判もまた、そのような歴史のひとこまである。しかしながら、人間一般の認識が確実である根拠を見いださなければならない理由は、すでに述べたように、自然に対する人間の支配を権利（正義）として主張するためでしかない。

本来人間ばかりか生命のすべては、個々の個体が、それぞれの状況で活動し、その偶然の積み重ねを次代に引き継ぐことが本質であった。そのことからすれば、人間のなかで個々人が一般的に認識を確実にする必要はない。そもそも何を認識すべきかが定まらない世界こそ、生命の世界である。そういうなかで、認識の確実性について一般的な規準をもたらすことは、無意味である。ところで、それが無意味でない場面をつくりだしているのが、文明社会というものである。すでに述べたように、他のものたちを排除して、一様なものを独占的に増やすことを始めたのが文明である。したがって、支配の方法として、文明は対象のなかに一様さを発見しようとする。多くのものの内に一様さを見いだすことができれば、それによって、一人で多くのものを支配することができるからである。

とはいえ、言うまでもなく、間違った理解にもとづく行動は、間違ったものになる。したがって行動が正しいことを主張するためには、認識は確実なものであることが必要である。哲学者が、人間認識は、本質的に不確実でしかありえないと結論づければ、すべての権利を人間は失うのである。人間理性が不確実な認識しかもつことができないとすれば、人間は「支配の権利」を放棄しなければならなくなるからである。なぜなら、すでに述べたように、それが何の行為であれ、正しい行為ができないものには、権利はないからである。正しい運転ができないものには運転免許が与えられないように、正しい認識、正しい理解をもつことができないものには、支配する権利は与えられないのである。文明は、科学技術を進歩させ、それによって今のところ物質的なものについての支配権を伸ばしてきた。それゆえ文明は、まず対処しやすい物質を相手に、認識の確実性を、哲学者を動員して公的に根拠づけてきたのである。すでに述べたように、カントの認識批判もそのひとこま、ということである。すなわち、もしも哲学者が科学の確実性の根拠づけに失敗するなら、人間には、少なくとも哲学的に見て、世界を支配する権利がないことがばれてしまう。文明人はそれを避けなければならないので、カントのような哲学を絶賛するのである。

さらにカントによれば、人間道徳の普遍法則を確実にあげることができる。それは、理性的存在者のためになる、ということである。天使や神を除外すれば、かれの考えでは、人間は人間のために生きることを普遍法則とする。かれ自身はこう言う。「君自身の人格ならびに他のすべての人の人格に例外なく存するところの人間性を、いつでもまたいかなる場合にも同時に目的として使用し決して単なる手段として使用してはならない」(篠田英雄訳『道徳形而上学原論』第二章、岩波文庫)。すでに触れたように、人間の文明社会は、究極目的を人間自身に置かざるをえない。なぜなら、人間の文明は、自然生態系のためという目的を捨てたからである。そして土地所有は、神のためでも、天使のためでもなかったので、自分たちのためであることを明らかにするほかない。それゆえ、文明が始まって以来、人間は、自分たちのために生きることを人間の究極目的として主張する道を選んだのである。さすがに、利己主義をあらわにして、自分個人のために生きることを人間の普遍的道徳法則にすることはできなかったが、「自分たち」のために生きることは、長い目で見れば自分のためにもなる。そのため、人間社会は、古くから常識的に、社会のためになる個人を、すぐれた個人として称揚してきたのである。

しかし、土地には限界があり、「自分たち」と考える人間の集団は地球上に一つではなかったので、土地をめぐる争いが、戦争というかたちで起きてくることは防ぐことができない。しかも自分たちのために生きる人間は優れた個人であると見なされるから、どの集団でも、敵の集団を殺す人間は英雄であり、自分たちの集団を殺戮する人間は極悪人である。こうして同じ人間が、一方では英雄と見なされ、他方では悪魔呼ばわりされる、という矛盾は避けられない。近代に至ってようやく世界に生きる人間を一つの社会意識で考えることができるようになったが、それでも、土地所有に根ざす社会の道徳は、土地所有から自由な個人の考えに追いつくことはできない。学者が、地球規模で考えなければ道徳は成り立たないと主張しても、一般の常識は、各社会集団内部の規準を使用して動いている。それなしには一般の人間の暮らし、つまり経済生活が成り立たないからである。このようにして人類の道徳の普遍法則をカントが掲げても、人類の矛盾は解消しないのである。すなわち、世界平和はけっして実現しない。

このような矛盾が起こるのは、人間が、文明をはじめ、「自分たちの存続」を目的として掲げる道を選んだからである。それはじっさいには不正なものであるために、どんなに理論を組み立てても、不正が解消されることはない。今日一般に試みられていることは、その「自分たち」という観念を、自分たちの集団から世界全体に広げることである。しかし、いざ国境抜きに人間を考え、平和を実現しようとしても、「自分たち」の観念が育てられてきた狭い土地を超えて、わたしたちがもつ「自分たち」の観念は世界にまで広げられることはないのである。なぜなら人間は神ではないからである。それゆえ、もしも平和を実現したいなら、あるいは、もしも正しい根拠にもとづいて正しい生き方を選ぼうと思うなら、人間は目的について、手持ちの観念を広げるのではなく、あらたに、自分以外のものを目的として掲げなければならない。

その理由は、生命が「食」によって結び合う関係をもつ存続形態をもつからである。食べるものは、食べられるものに依存して存続する。生態系はこの関係を複雑に組み立てているので、特定のものの存続のみを「目的」にすると、バランスを崩して、結局、すべてを失う。そのため、人間が生態系の中の特定の種を目的にすることは、破綻する運命にある。それゆえ人間が人間を目的にすれば、破綻は目に見えている。したがって、明確に目を転じなければならない。それが結果的には人間のためになる。その道とは、人間の目的を人間とはしないこと、あるいは、人間に都合のよい特定の種にしないこと、である。すなわち、人間の直接の行動を規定する規範において目的に掲げられるべきは、生態系の全体でなければならない。この目的は、特定のものではないために、かなりの理解力を必要とする。とは言え、人間の脳が特別に大きいのは、生態系全体についての理解を人間がもつためである。にもかかわらず、人間は食料の獲得を容易にするために土地を所有し、そのために、世界を単純化して、「自分たちのため」を考えていれば当面は良いという、精神的に怠惰な道を何千年も進んできたのである。おそらく、わたしたちの脳は実質的に驚くほど萎縮しているだろう。

このことがどれほど悲惨な結果をもたらしたかは、歴史が教えてくれる。そして現在の世界情勢が教えてくれる。じっさい文明によって戦争が始まると、戦争で命を取り合うことで勇気が試されると見なされてきた。残酷な殺し方は人間の精神を萎縮させる。その状態は、文明というものが人間の精神をいかに変えていくかを典型的に示しているのである。人間精神が生命の複雑さ、その微妙さを理解する努力を放棄して、単純な物質的理解を誇るようになって、その精神の鈍化とともに、文明社会の競争は激しさを増して世界は悲惨の度を加えている。見回してみれば、人間としての誇りさえも金銭に基づく行動によってしか得られない価値観が一般化している。この状態は、どんなに弁解しても異常である。それゆえにわたしたちは、カントが切り開いた道から離れなければならない。すなわち、物質的理解を誇る自然科学を基礎づけて存在論をつくり、人間精神の自己目的（人間のため）を正当と見なして道徳を基礎づける道から、今すぐに離れなければならない。それを過去のものにしなければならない。わたしたちは今こそ生態系存在論に基づいた倫理学の基礎づけに邁進しなければならないのである。

# あとがき

第一部のあとがきにも一つの例を書いたが、わたしは個人的に、ヨーロッパの環境に関心を抱いている若いひとと、たまに接する機会をもっている。昨年の夏に出会ったヨーロッパ人のなかに、イタリア人でローマ大学の法学部の学生がいた。時間ができた夕刻のひととき、わたしはためしに、ダーウィンの進化論には疑問をもっていることを伝えると、かれは言下に、「あんなものはだめだ、(だめなのは)もう常識だ」と答えてきた。そしてかれは、「ヨーロッパ人は、みな、もうヨーロッパの文明はこのまま行けば灰燼に帰すしかないと思っている。だから仏教の勉強をしているのだ」と言った。じっさい、かれはイタリアに帰るとすぐに仏教の試験があるからと、イタリア語で書かれた仏教の教科書を肌身離さず持ち歩いていた。覗いてみると、かなり専門的なものらしく、教科書のあちこちに、経文と思われる漢字が並んでいたが、わたしにはその出所の見当もつかないものだった。しかしわたしのつたない仏教の説明には、手を合わせて感謝してくれた。

日本人の多くが、いまだに西洋には劣等感を抱いている。西洋は日本人にとって絶対的だ、と言っても過言ではないように見える。学者も、政府も産業界も、西洋的なセンスこそが、これからも永遠に最高のものであることを信じて疑っていないように見える。他方、西洋人は、もはや西洋はだめだと認識している。一見、永続する力を貯えているように見えながら、本質的な限界に来ていることを、かれらは感じているのである。それゆえに、むしろ欧米化しながら日本的であることを残している日本に期待している。

言うまでもなく、現実のヨーロッパは、日本ブームとアメリカ文化に引き裂かれているとも聞いた。フランスから来た人間は、「癒しの日本文化」と「マクドナルドのアメリカ」と表現した。

この第二部は、本格的な哲学議論を通じて、普遍的な哲学の力によって、西洋の名だたる哲学者の哲学に、一介の日本人がどこまで対抗できるかを試したものとも言える。日本の哲学者は西洋を絶対視しているので、わたしの試みを聞いたら、それだけで笑止の沙汰と見るだろう。しかし、西洋がどのように判断するかは、わからない。そしてわたし自身は、わたしに道を教えてくれた植物の生長のようすを見るにつけ、無視されてきた自然の知恵に学ぶことの多さを、日々、思い続けている。

二〇〇四年八月

著　者

**八木 雄二**　（やぎ・ゆうじ）

1952年東京生まれ。慶應義塾大学大学院哲学専攻博士課程修了。91年文学博士。専門はドゥンス・スコトゥス（1308年没）の哲学。現在，立教大学などで非常勤講師，東京港グリーンボランティア代表。
〔業績〕『生態系存在論序説』（知泉書館），『スコトゥスの存在理解』（創文社），『イエスと親鸞』（講談社選書メチエ），『中世哲学への招待』，『古代哲学への招待』（以上，平凡社新書），『「ただ一人」生きる思想』（ちくま新書，近刊），『中世思想原典集成』（共訳，平凡社）など。

〔生態系存在論の構築〕　　ISBN4-901654-42-X

2004年11月10日　第1刷印刷
2004年11月15日　第1刷発行

著　者　八　木　雄　二
発行者　小　山　光　夫
製　版　野口ビリケン堂

発行所　〒113-0033　東京都文京区本郷1-13-2
電話（3814）6161　振替00120-6-117170
http://www.chisen.co.jp
株式会社　知泉書館

Printed in Japan　　印刷・製本／藤原印刷

# 索　引

## 人　名



## 作品名



## あ　行

## か　行

## さ　行

## た　行

## な　行

## は　行

## ま・や　行



## ら　行